영문법 판매 1위, 중학영문법 3800제의 초등시리즈

초등영문법
3800제

LEVEL **7**

실력 1단계

발행 초판 15쇄(2024년 7월 20일)

책임편집 서은숙 **편집** 성은혜 **원고집필** 정다혜, 권은정, 김주현, 정은주, 김유미, 홍주희 **연습문제집필** 조윤경, 권은정, 김송이, 김주희

워크북집필 윤정한, 정다혜, 김주희, 김송이 **원고검토** 유예슬, 최희찬, 박문정, 백경빈, 김미경, 김규은, 양원석, 고민정 **영문감수** Kathryn O'Handley

감수 최주영(대치 위자듀학원 강사) **교정** 황희진, 정다혜, 김주희, 이은영, 하은옥, 홍성경, 오정훈, 심가원, 이은혜, 신영은, 김송이, 하새롬

베타테스트 신재진, 이옥현, 유윤정, 정요한, 신소미, 장신혜, 변선영, 정은주

녹음 와이알 미디어 **녹음대본정리** 신소미, 김소정, 김건탁, 김윤아, 최안나 **녹음검수** 이상미, 신소미, 김소정, 김주희, 윤수경, 이옥현, 이유진, 최안나

사진검색 신의진, 김윤아, 이은혜, 손주연 **삽화** 박현주 **표지디자인** 김연실 **인디자인편집** 정은영, 박정민, 박경아, 김미라, 고연화

제작 이주영 **발행처** ㈜마더텅 **발행인** 문숙영 **주소** 서울시 금천구 가마산로 96, 708호

마더텅 교재를 풀면서 궁금한 점이 생기셨나요?

교재 관련 내용 문의나 오류신고 사항이 있으면 아래 문의처로 보내주세요! 문의하신 내용에 대해 성심성의껏 답변해 드리겠습니다. 또한 교재의 내용 오류 또는 오·탈자,

그 외 수정이 필요한 사항에 대해 가장 먼저 신고해 주신 분께는 감사의 마음을 담아 ⓒⓤ**모바일 편의점 상품권 1천 원권**을 보내드립니다!

*기한: 2024년 12월 31일 *오류신고 이벤트는 당사 사정에 따라 조기 종료될 수 있습니다. *홈페이지에 게시된 정오표 기준으로 최초 신고된 오류에 한하여 상품권을 보내드립니다.

● 카카오톡 mothertongue ◎ 이메일 mothert1004@toptutor.co.kr ✉ 문자 010-6640-1064(문자수신전용)

🏠 홈페이지 www.toptutor.co.kr 🖥 교재Q&A게시판 🎧 고객센터 전화 1661-1064(07:00~22:00)

이렇게 공부하세요.

STEP 1

문법 개념을 익힌 후 확인테스트를 풀어보면서 제대로 이해했는지 확인해요.

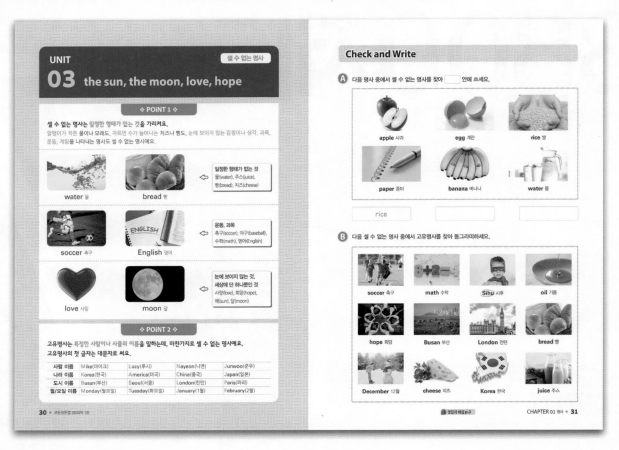

STEP 2

Practice 1, 2, 3

Practice 1, 2, 3로 구성된 연습문제를 풀면서 앞에서 배운 문법이 적용된 풍부한 예문을 접할 수 있어요. 연습 문제들을 풀다보면, 서술형 문제도 더 이상 어렵지 않아요!

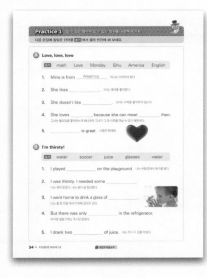

Let's Practice More!

문법 내용을 제대로 이해했는지 확인할 수 있도록 SET 01–08까지 다양한 유형의 연습문제를 실었어요.
문제를 하나하나 풀다보면 해당 UNIT의 핵심 개념을 제대로 익히게 될 거에요.

마무리 실전테스트

최종 마무리 테스트로서 권당 2회분의 실전테스트를 실었어요. 총 30문제의 진단평가 및
교내평가 유형의 실전문제로 앞에서 배운 내용을 복습하고 취약한 부분을 파악해 봐요.

워크북 구성 및 활용법 워크북은 아래와 같은 방법으로 활용하세요.

1. 단어쓰기 연습

❶ 먼저 본문 학습을 마무리 합니다.
❷ 해당 페이지의 QR코드를 통해 스마트 기기로 빠르고 편리하게 음원을 재생할 수 있습니다.
　전체 음원 파일은 마더팅 홈페이지(www.toptutor.co.kr)에서 다운로드 가능합니다.
❸ 원어민 선생님이 읽어주는 영단어를 잘 듣고 안내선 안에 영어 단어 철자를 세 번씩 쓰세요.

2. 받아쓰기 시험 (Dictation Test)

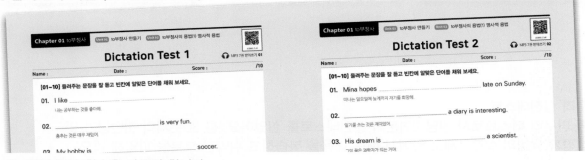

❶ 먼저 본문 학습을 마무리 합니다.
❷ 해당 페이지의 QR코드를 통해 스마트 기기로 빠르고 편리하게 음원을 재생할 수 있습니다.
　전체 음원 파일은 마더팅 홈페이지(www.toptutor.co.kr)에서 다운로드 가능합니다.
❸ 원어민 선생님이 읽어주는 문장을 잘 듣고, 빈칸을 채우세요.
❹ 받아쓰기 정답은 워크북 뒷부분에 있습니다.

3. 단어테스트

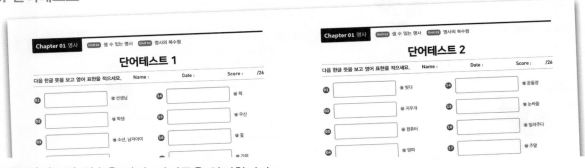

❶ 단어쓰기 연습을 하며, 단어들을 암기합니다.
❷ 단어테스트의 한글 뜻을 보고 암기한 영단어를 써 보세요.
❸ 학원에서 평가용으로 활용할 수 있고, 스스로 확인하는 용도로 활용할 수도 있습니다.
❹ 단어테스트 정답은 워크북 뒷부분에 있습니다.

4. 워크북 정답

Dictation Test와 단어테스트의 정답을 한 눈에 알아보기 쉬운 형태의 정답지로 제공합니다.

영문법 판매 1위, 중학영문법 3800제의 초등시리즈

초등영문법 3800제

LEVEL 7

실력1단계 CONTENTS

Chapter
01
to부정사

이 챕터에서는 동사 앞에 to를 붙여서 동사가 아닌
다른 품사로 만드는 방법인 'to부정사'에 대해 배워 보아요.

☆ 학습 방향 및 배울 내용 미리보기 ☆

☐ **Unit 01 : I buy a textbook to study.**
to부정사 만들기
to부정사를 만드는 방법과 to부정사의 부정형에 대해 배워 보아요.

☐ **Unit 02 : I like to play soccer.**
to부정사의 용법(1) 명사적 용법
to부정사가 명사적 용법으로 쓰일 때, 문장 내에서의 to부정사의 다양한 역할과 의미에 대해 알아보아요.

☐ **Unit 03 : I need some time to play.**
to부정사의 용법(2) 형용사적 용법
to부정사가 형용사적 용법으로 쓰일 때, 문장 내에서의 to부정사의 역할과 의미에 대해 알아보아요.

☐ **Unit 04 : I am glad to see my friends.**
to부정사의 용법(3) 부사적 용법
to부정사가 부사적 용법으로 쓰일 때, 문장 내에서의 to부정사의 역할과 의미에 대해 알아보아요.

🔍 단어 미리보기

이 챕터에 나올 단어들 중 이미 알고 있는 단어가 있나요?
맞는 뜻을 골라 체크해 봐요.

📅 날짜 :   📋 이름 :   📇 알고 있는 단어의 수 :   /24개

No.	아는 단어	단어	품사	알맞은 뜻에 체크 표시해 봐요.			
1	✔	textbook	명사	문자메시지	☐	교과서	✔
2	☐	decide	동사	결심하다	☐	거부하다	☐
3	☐	hobby	명사	취미	☐	습관	☐
4	☐	save	동사	쓰다	☐	모으다	☐
5	☐	surprised	형용사	놀란	☐	화난	☐
6	☐	laughter	명사	랍스터	☐	웃음소리	☐
7	☐	grass	명사	유리	☐	잔디	☐
8	☐	imagine	동사	사진을 찍다	☐	상상하다	☐
9	☐	glad	형용사	기쁜	☐	슬픈	☐
10	☐	future	명사	사진	☐	미래	☐
11	☐	reason	명사	이유	☐	설명	☐
12	☐	castle	명사	성	☐	문	☐
13	☐	impossible	형용사	불가능한	☐	불성실한	☐
14	☐	airport	명사	공항	☐	공기	☐
15	☐	difficult	형용사	쉬운	☐	어려운	☐
16	☐	focus	동사	집중하다	☐	끝내다	☐
17	☐	store	동사	팔다	☐	저장하다	☐
18	☐	bathroom	명사	화장실	☐	휴게실	☐
19	☐	choose	동사	일기 쓰다	☐	선택하다	☐
20	☐	clean	동사	청소하다	☐	더럽히다	☐
21	☐	test	동사	쓰다	☐	시험해보다	☐
22	☐	vote	동사	투표하다	☐	이기다	☐
23	☐	explain	동사	운동하다	☐	해명하다	☐
24	☐	answer	동사	풀다	☐	묶다	☐

UNIT
01 I buy a textbook to study.

to부정사는 동사 앞에 to를 붙여서 다른 품사로 만드는 방법이에요!
하나의 문장에는 주어와 동사가 1개씩만 들어갈 수 있어서 to부정사를 쓰면 다양한 표현을 할 수 있답니다!

❖ POiNT 1 ❖

to부정사 만드는 방법 : to + 동사 원형

| 동사 | I study.
나는 공부한다. |

| 명사 역할 | I like to study.
나는 공부하는 것을 좋아한다. |

| 부사 역할 | I use a pencil to study.
나는 공부하기 위해 연필을 쓴다. |

| 형용사 역할 | I buy a textbook to study.
나는 공부를 할 교과서를 산다. |

❖ POiNT 2 ❖

to부정사의 부정형
'~하지 않기로'를 표현하기 위해서는 to부정사 바로 앞에 not을 붙여주면 돼요!

He promised not to cry.
그는 울지 않기로 약속했다.

He decided not to go to the Internet cafe.
그는 피시방에 가지 않기로 결심했다.

Check and Write

다음 빈칸에 to와 not to 중에서 알맞은 것을 골라 쓰세요.

1. We take a bus [**to**] go to school.

    우리는 학교에 가기 위해 버스를 타.

2. I decided [   ] eat chocolate.

    나는 초콜릿을 먹지 않기로 결심했어.

3. [   ] dance is very fun.

    춤추는 것은 매우 재밌어.

4. She has a dog [   ] play with.

    그녀는 같이 놀 강아지 한 마리를 가지고 있어.

5. I want [   ] eat some ice cream.

    나는 아이스크림을 먹기를 원해.

UNIT 02 I like to play soccer.

to부정사가 **명사적 용법**으로 쓰이면 주어, 목적어, 보어 역할을 해요!

❖ POiNT 1 ❖

주어 역할

주로 문장의 제일 앞에 와서 '~하는 것은'이라고 해석해요.

To play is fun.
노는 것은 재미있어.

To read is boring.
읽는 것은 지루해.

❖ POiNT 2 ❖

목적어 역할

주로 동사 뒤에 와서 '~하는 것을'이라고 해석해요.

I like to play soccer.
나는 축구하는 것을 좋아해.

I like to read books at home.
나는 집에서 책 읽는 것을 좋아해.

❖ POiNT 3 ❖

보어 역할

주로 be동사 뒤에 와서 '~하는 것(이다)'라고 해석해요.

My hobby is to play soccer.
내 취미는 축구하는 것이다.

My hobby is to read books.
내 취미는 책을 읽는 거야.

Check and Write

다음 밑줄 친 부분을 to부정사로 고쳐 전체 문장을 쓰고, to부정사가 무슨 역할을 하는지 쓰세요.

1. I want <u>play</u>.

나는 노는 것을(놀기를) 원해요.

> I want to play .

> 목적어

2. <u>Keep</u> a diary is interesting.

일기를 쓰는 것은 재미있어.

> .

>

3. My dream is <u>be</u> a doctor.

내 꿈은 의사가 되는 거야.

> .

>

4. I like <u>make</u> the Christmas tree.

나는 크리스마스 트리를 만드는 것을 좋아해.

> .

>

Practice 1   to 부정사의 알맞은 쓰임을 익혀 보아요.

다음 문장에 알맞은 표현을 보기 에서 골라 빈칸에 to부정사로 만들어 써 보세요. (단, 한 번 쓴 말을 여러 번 쓸 수 있어요.)

A   Tomorrow is Sihu's birthday.

보기	please	get	give	like	buy

1. Mina saved money _____to give_____ Sihu a birthday gift.
   미나는 시후에게 생일 선물을 주기 위해 돈을 모았어.

2. She went to the mall _____ a gift.
   그녀는 선물을 사기 위해 상점에 갔어.

3. She bought a present _____ him.
   그녀는 그를 기쁘게 할 선물을 하나 샀어.

4. He will be happy _____ a Pokémon toy.
   그는 포켓몬 장난감을 받고 좋아할 거야.

5. It is exciting _____ someone.
   누군가를 좋아한다는 건 신나.

B   Today is Sihu's birthday.

보기	do	say	come	make	join

1. Mina, do you want _____ to my birthday party?
   미나야, 내 생일 파티에 오고 싶니?

2. I'm sorry. I have a lot of things _____ .
   미안해. 나는 할 일이 많이 있어.

3. She didn't want _____ so.
   그녀는 그렇게 말하고 싶지 않았어.

4. In fact, she had nothing _____.

사실, 그녀는 할 일이 없었어.

5. She was shy _____ eye contact with Sihu.

그녀는 시후와 눈이 마주쳐서 부끄러웠어.

6. She was sad not _____ them.

그녀는 그들과 함께하지 못해서 슬펐어.

C **At Sihu's house**

| 보기 | have | hear | scold | worry | see | celebrate | play |

1. We are here _____!

우리는 축하하기 위해 이곳에 있어!

2. We want _____ all night.

우리는 밤새 놀고 싶어.

3. I found a way _____ some fun. 나는 재미있게 놀 방법을 찾았어.

4. We decided _____ a board game! 우리는 보드게임을 하기로 결정했어!

5. Dad was surprised _____ our loud laughter.

아빠가 우리의 큰 웃음소리를 들어서 놀라셨어.

6. Dad came into my room _____ why we were so noisy.

아빠는 우리가 왜 그렇게 시끄러웠는지 알아보기 위해 내 방으로 들어오셨어.

7. He didn't want _____ us. 그는 우리를 꾸짖고 싶어 하지 않으셨어.

8. We didn't want _____ him, so we played quietly.

우리는 그를 걱정시키는 것을 원하지 않았고 그래서 우리는 조용히 놀았어.

Practice 2 to부정사를 써서 문장을 완성해 보아요.

다음 우리말 뜻과 같도록 주어진 표현을 순서에 맞게 배열하여 문장을 완성하세요.

1. (to, lose weight, It is hard).

체중을 줄이는 것은 어려워.

➡ It is hard _____

to lose weight _____ .

2. (eat chocolate, I want, to).

나는 초콜릿을 먹고 싶어.

➡ _____

_____ .

3. (doesn't like, Mom, to see, me eating chocolate).

엄마는 내가 초콜릿을 먹는 걸 보는 것을 좋아하지 않으셔.

➡ _____ .

4. (Mom, to hide them, put them in the drawer).

엄마가 그것들을 숨기기 위해 그것들을 서랍에 넣어두셨어.

➡ _____ .

5. (tried, to, I, eat a tiny piece). (*tiny: 아주 작은)

나는 아주 작은 조각을 먹으려고 애썼어.

➡ _____ .

6. But (started, notice, to, mom). 하지만 엄마가 알아채기 시작하셨어.

➡ But _____ .

7. (must learn, You, to make decisions). 너는 결정하는 것을 배워야 한다. (*decision: 결정)

➡ _____ .

8. (is, his hobby, To ride a bicycle).   **9.** (to be a scientist, My dream, is).

자전거 타는 것은 그의 취미야.   나의 꿈은 과학자가 되는 거야.

➡ _____   ➡ _____

_____ .   _____ .

10. (important, To drink water, is). 물 마시는 것은 중요해.

➡ _____ .

11. (enters my room, to wake me up, Mom). 엄마는 나를 깨우기 위해 내 방에 들어오셔.

➡ _____ .

12. (hope, to sleep late, I) on Sunday. 나는 일요일에 늦게까지 자기를 희망해.

➡ _____ on Sunday.

13. (so hard, to wake up early, It is) on Sunday. 일요일에 일찍 일어나는 것은 너무 어려워.

➡ _____ on Sunday.

14. (came, I, to rescue you) from the castle. 나는 너를 성에서 구출하기 위해 왔어.

➡ _____ from the castle.

15. (not a reason, to fight, It's). 그것은 싸울 이유가 아니다. (*reason: 이유)

➜ _____ .

16. (ran, not to be late, We).

우리는 늦지 않기 위해 뛰었어.

➜ _____

_____ .

17. (to win the prize, deserve, You).

너는 상을 탈 자격이 있어. (*deserve: ~할 자격이 있다)

➜ _____

_____ .

18. (to imagine, I, like, my future). (*imagine: 상상하다)

나는 나의 미래를 상상해보는 것을 좋아해.

➜ _____ .

19. (lay on the grass,
He, to take a rest).

그는 휴식을 취하기 위해 잔디에 누웠어.

➜ _____

_____ .

20. (to travel, They like,
by train).

그들은 기차로 여행하는 것을 좋아해.

➜ _____

_____ .

Practice 3 to부정사를 써서 문장을 완성해 보아요.

우리말 뜻을 참고하여 주어진 표현을 to부정사로 바꾸어 문장을 영어로 완성하세요.

1. (drink)

   난 마실 것이 필요해.

   ➔ I need something
   <u>to drink</u>_____.

2. (meet you)

   난 너를 만나서 기뻐.

   ➔ I am glad _____
   _____.

3. (take pictures) 사진을 찍는 것은 나의 취미야.

   ➔ _____ is my hobby.

4. (go to Jeju Island) 그들은 제주도에 갈 계획이야.

   ➔ They plan_____.

5. (work at home) 미나의 엄마는 집에서 일하기를 바라신다.

   ➔ Mina's mom hopes _____.

6. (finish) 그는 끝내야 할 일이 많아.

   ➔ He has many things _____.

7. (hurry) 서두르는 것은 위험해.

   ➔ It is dangerous _____.

8. (skate)

그녀는 스케이트를 타는 법을 몰라요.

→ She doesn't know how

_____.

9. (eat)

난 먹을 것이 필요해.

→ I need something

_____.

10. (be friends with Sihu)

나는 시후랑 친구가 되고 싶어.

→ I want _____

_____.

11. (cheer me up)

준우가 나를 응원해 주기 위해 왔어.

→ Junwoo came _____

_____.

12. (play with him) 나는 그와 함께 놀고 싶어.

→ I want _____.

13. (talk to him) 그녀는 그에게 말을 걸기 위해 그의 교실로 갔어.

→ She went to his classroom _____.

14. (say something) 그녀는 무언가 말하려고 애썼어.

→ She tried _____.

15. (make it) 하지만 그녀는 그것을 해내는 것을 실패했어.

→ But she failed _____.

16. (make friends) 친구를 사귀는 것은 쉽지 않아.

→ _____ is not easy.

17. (become friends) 친구가 되는 데에는 시간이 걸려.

→ It takes time _____.

18. (play badminton)

그들은 배드민턴을 치기 위해 공원에 가.

→ They go to the park

_____.

19. (be healthy)

너는 건강하기 위해 운동해야 해.

→ You must exercise

_____.

20. (pick up my books) 나는 내 책들을 가지러 왔어.

→ I came _____.

Let's Practice More!

학습목표 1 | to부정사의 형태를 연습해 보아요.　　　　공부한 날 :　　　　맞은 개수 :　　/12개

 ( ) 안의 단어를 문장의 빈칸에 알맞은 형태로 바꿔서 써 보세요.

01. (give)　　Mina saved money ___to give___ Sihu a birthday gift.
미나는 시후에게 생일 선물을 주기 위해 돈을 모았어.

02. (lose)　　It is hard _____ weight.
체중을 줄이는 것은 어려워.

03. (drink)　　I need something _____.
난 마실 것이 필요해.

04. (finish)　　He has many things _____.
그는 끝내야 할 일이 많아.

05. (buy)　　She went to the mall _____ a gift.
그녀는 선물을 사기 위해 상점에 갔어.

06. (hurry)　　It is dangerous _____.
서두르는 것은 위험해.

07. (eat)　　I tried _____ a tiny piece.
나는 아주 작은 조각을 먹으려고 애썼어.

08. (see)　　Mom doesn't like _____ me eating chocolate.
엄마는 내가 초콜릿을 먹는 걸 보는 것을 좋아하지 않으셔.

09. (please)　　She knows the present _____ him.
그녀는 그를 기쁘게 할 선물을 알고 있어.

10. (join)　　She was sad not _____ them.
그녀는 그들과 함께하지 못해서 슬펐어.

11. (talk)　　She went to his classroom _____ to him.
그녀는 그에게 말을 걸기 위해 그의 교실로 갔어.

12. (eat)　　I want _____ cheese.
나는 치즈를 먹고 싶어.

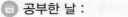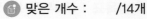

Let's Practice More!

학습목표 1 | to부정사의 형태를 연습해 보아요.　　　　　　　　🕐 공부한 날 :　　　　🏆 맞은 개수 :　　　/14개

 다음을 읽고 밑줄 친 부분이 맞으면 ○표, 틀리면 고쳐 써 보세요.

01. She failed <u>to make</u> it.　　　　　　　➡ ___○___

그녀는 그것을 해내는 것을 실패했어.

02. <u>To making</u> friends is not easy.　　　　➡ _____

친구를 사귀는 것은 쉽지 않아.

03. My mom came <u>to cheer</u> me up.　　　➡ _____

나의 엄마가 나를 응원해 주기 위해 오셨어.

04. He will be happy <u>to get</u> a Pokémon toy.　➡ _____

그는 포켓몬 장난감을 받고 좋아할 거야.

05. It is exciting <u>like</u> someone.　　　　　➡ _____

누군가를 좋아한다는 건 신나.

06. I have a lot of things <u>to doing</u>.　　　➡ _____

나는 할 일이 많이 있어.

07. We are here <u>to celebrate</u>!　　　　　➡ _____

우리는 축하하기 위해 이곳에 있어!

08. I found a way <u>have</u> some fun.　　　➡ _____

나는 재미있게 놀 방법을 찾았어.

09. <u>To keep</u> a diary is interesting.　　　➡ _____

일기를 쓰는 것은 재미있어.

10. Mom put them in the drawer <u>hide</u> them.　➡ _____

엄마가 그것들을 숨기기 위해 그것들을 서랍에 넣어두셨어.

11. I tried <u>to eat</u> a tiny piece.　　　　　➡ _____

나는 아주 작은 조각을 먹으려고 애썼어.

12. <u>To drink</u> water is important.　　　　　➡ _____

물을 마시는 것은 중요해.

13. I am glad <u>to meet</u> you.　　　　　　　➡ _____

난 너를 만나서 기뻐.

14. I need something <u>to drinking</u>.　　　➡ _____

난 마실 것이 필요해.

🔍 정답과 해설 p.2　　　　　　　CHAPTER 01 to부정사 • **21**

Let's Practice More!

학습목표 1 | to부정사의 형태를 연습해 보아요.　　　🕥 공부한 날 :　　　📝 맞은 개수 :　　/14개

 다음을 읽고 밑줄 친 부분을 올바르게 고쳐 보세요.

01. To taking pictures is my hobby.　　➡ _____ To take _____

사진을 찍는 것은 나의 취미야.

02. We want to playing all night.　　➡ _____

우리는 밤새 놀고 싶어.

03. We decided play a board game!　　➡ _____

우리는 보드게임을 하기로 결정했어!

04. They plan to going to Jeju Island.　　➡ _____

그들은 제주도에 갈 계획이야.

05. She went to his classroom talk to him.　　➡ _____

그녀는 그에게 말을 걸기 위해 그의 교실로 갔어.

06. She tried say something.　　➡ _____

그녀는 무언가 말하려고 애썼어.

07. Mina's mom hopes to working at home.　　➡ _____

미나의 엄마는 집에서 일하기를 바라신다.

08. He has many things to finishing.　　➡ _____

그는 끝내야 할 일이 많아.

09. I want eat chocolate.　　➡ _____

나는 초콜릿을 먹고 싶어.

10. You must exercise be healthy.　　➡ _____

너는 건강하기 위해 운동해야 해.

11. My dream is to being a singer.　　➡ _____

나의 꿈은 가수가 되는 거야.

12. I came pick up my books.　　➡ _____

나는 내 책들을 가지러 왔어.

13. Mom started to noticing.　　➡ _____

엄마가 알아채기 시작했어.

14. To riding a bicycle is his hobby.　　➡ _____

자전거 타는 것은 그의 취미야.

학습목표 2 | to부정사의 명사적 용법을 구분해 보아요.   📅 공부한 날 :   📋 맞은 개수 :   /12개

 다음을 읽고 밑줄 친 to부정사가 주어 역할이면 '주', 목적어 역할이면 '목', 보어 역할이면 '보'라고 쓰세요.

01. <u>To ride</u> a bicycle is her hobby.

➡ 주

02. Do you want <u>to come</u> to my birthday party?

➡ _____

03. She didn't want <u>to say</u> so.

➡ _____

04. <u>To keep</u> a diary is interesting.

➡ _____

05. <u>To be</u> a scientist is my dream.

➡ _____

06. My dream is <u>to be</u> a scientist.

➡ _____

07. <u>To drink</u> water is important.

➡ _____

08. I want <u>to talk</u> to him.

➡ _____

09. <u>To take</u> pictures is my hobby.

➡ _____

10. They plan <u>to go</u> to Jeju Island.

➡ _____

11. Mina's mom hopes <u>to work</u> at home.

➡ _____

12. I want <u>to be</u> friends with Sihu.

➡ _____

Let's Practice More!

학습목표 3 | to부정사의 부정형을 연습해 보아요. 📅 공부한 날 : 📋 맞은 개수 : /14개

🦉 다음을 읽고 ( ) 안에서 알맞은 것을 고르세요.

01. We ran (not to / to not) be late. 우리는 늦지 않기 위해 뛰었어.

02. She was sad (not to / to not) join them. 그녀는 그들과 함께하지 못해서 슬펐어.

03. We decided not (to play / play) a board game! 우리는 보드게임을 하지 않기로 결정했어!

04. I tried not (to eat / eat) chocolate.
나는 초콜렛을 먹지 않으려고 애썼어.

05. I hope (not to / to not) sleep late on Sunday.
나는 일요일에 늦게까지 자지 않기를 희망해.

06. It is sad (not to / to not) win the prize.
상을 타지 못한 건 슬퍼.

07. She tried not (say / to say) anything.
그녀는 어떤 것도 말하지 않으려고 애썼어.

08. It is dangerous not (hurry / to hurry).
서두르지 않는 것은 위험해.

09. She was sad (not to / to not) make eye contact with Sihu.
그녀는 시후와 눈을 마주치지 못해서 슬펐어.

10. Mom put them in the drawer not (eat / to eat) them.
엄마가 그것들을 먹지 않기 위해 그것들을 서랍에 넣어두셨어.

11. Mom started (not to / to not) notice. 엄마가 알아채지 못하기 시작하셨어.

12. You must learn (to not / not to) hesitate. 너는 망설이지 않는 것을 배워야 한다.

13. Mina's mom hopes not (work / to work) at home.
미나의 엄마는 집에서 일하지 않기를 바라신다.

14. She went to her classroom (not to / to not) talk with him.
그녀는 그와 말을 하지 않기 위해 그녀의 교실로 갔어.

학습목표 3 | to부정사의 부정형을 연습해 보아요.   📅 공부한 날 :   📋 맞은 개수 :   /14개

🦉 다음 밑줄 친 to부정사를 부정형으로 바꿔 보세요.

01. She wants <u>to play</u> the piano. → _____ not to play _____

그녀는 피아노 치는 걸 원해.

02. They promised <u>to fight</u> again. → _____

그들은 다시 싸우기로 약속했다.

03. <u>To gain</u> weight is easy. → _____

체중을 늘리는 것은 쉬워.

04. We decided <u>to meet</u>. → _____

우리는 만나기로 결정했어.

05. I tried <u>to say</u> something. → _____

나는 무언가 말하려고 애썼어.

06. He was sad <u>to join</u> them. → _____

그는 그들과 함께해서 슬펐어.

07. She is glad <u>to lose</u> weight. → _____

그녀는 체중을 줄여서 기뻐.

08. They decided <u>to play</u> a board game. → _____

그들은 보드게임을 하기로 결정했어.

09. He wanted <u>to scold</u> us. → _____

그는 우리를 꾸짖고 싶어 하셨어.

10. I tried <u>to eat</u> a tiny piece. → _____

나는 작은 조각을 먹으려고 애썼어.

11. Mina's mom hopes <u>to work</u> at home. → _____

미나의 엄마는 집에서 일하기를 바라신다.

12. We promised <u>to go</u> there again. → _____

우리는 그곳에 다시 가기로 약속했다.

13. <u>To hurry</u> is dangerous. → _____

서두르는 것은 위험해.

14. <u>To drink</u> water is important. → _____

물을 마시는 것은 중요해.

Let's Practice More!

학습목표 4 | to부정사를 이용해 다양한 문장을 만들어 보아요.   공부한 날 :   맞은 개수 :   /20개

( ) 안의 단어를 이용해 우리말 해석에 알맞은 문장을 만들어 보세요.

01.

➜ I need _____to eat_____
vegetables. (eat)
난 야채를 먹어야 할 필요가 있어.

02.

➜ You must exercise
_____ healthy. (be)
너는 건강하기 위해 운동해야 해.

03. I like _____ my future. (imagine)   나는 나의 미래를 상상해보는 것을 좋아해.

04. He didn't want _____ us. (scold)   그는 우리를 꾸짖고 싶어 하지 않았어.

05. She went to his classroom _____ to him. (talk)
그녀는 그에게 말을 걸기 위해 그의 교실로 갔어.

06. You must learn _____ decisions. (make)   너는 결정하는 것을 배워야한다.

07. She doesn't know how _____. (skate)
그녀는 스케이트를 타는 법을 몰라.

08. I came _____ my books. (pick up)   나는 내 책들을 가지러 왔어.

09. Mina saved money _____ Sihu a birthday gift. (give)
미나는 시후에게 생일 선물을 주기 위해 돈을 모았어.

10. I found a way _____ some fun. (have)   나는 재미있게 놀 방법을 찾았어.

11. She went to the mall _____ a gift. (buy) 그녀는 선물을 사기 위해 상점에 갔어.

12.
→ We are here _____
_____! (celebrate)
우리는 축하하기 위해 이곳에 있어!

13.
→They like _____
by train. (travel)
그들은 기차로 여행하는 것을 좋아해.

14. Dad was surprised _____ our loud laughter. (hear)
아빠가 우리의 큰 웃음소리를 들어서 놀라셨어.

15. I have a lot of things _____. (do) 나는 할 일이 많이 있어.

16. She had nothing _____. (do) 그녀는 할 일이 없었어.

17. My parents bought a present _____ me. (please)
나의 부모님은 나를 기쁘게 할 선물을 사셨어.

18. She didn't want _____ so. (say) 그녀는 그렇게 말하고 싶지 않았어.

19. I don't want _____ friends with Sihu. (be) 나는 시후랑 친구가 되고 싶지 않아.

20. We didn't want _____ him. (worry) 우리는 그를 걱정시키는 것을 원하지 않았어.

Let's Practice More!

학습목표 4 | to부정사를 이용해 다양한 문장을 만들어 보아요.　　🕐 공부한 날 :　　📋 맞은 개수 :　/20개

 다음 주어진 표현들을 이용하여 문장을 완성해 보세요.

01.

➡ I __want to eat chocolate__.

(want, eat chocolate)

나는 초콜릿을 먹고 싶어.

02.

➡ _____ is

his hobby. (ride, a bicycle)

자전거 타는 것은 그의 취미야.

03. Mom doesn't _____ eating chocolate. (like, see me)

엄마는 내가 초콜릿을 먹는 걸 보는 것을 좋아하지 않아서.

04. I _____ a tiny piece. (try, eat)

나는 아주 작은 조각을 먹으려고 애썼어.

05. I need _____. (something, drink)

난 마실 것이 필요해.

06. I am _____. (glad, meet you)

난 너를 만나서 기뻐.

07. I _____ on Saturday. (hope, sleep late)

나는 토요일에 늦게까지 자기를 희망해.

08. You must _____. (learn, make decisions)

너는 결정하는 것을 배워야 한다.

09. It takes time _____. (become, friends)

친구가 되는 데에는 시간이 걸려.

10. She doesn't know _____. (how, skate)

그녀는 스케이트를 타는 법을 몰라.

11.

→ She needs something _____. (eat)

그녀는 먹을 것이 필요해.

12.

→ We ran _____. (be late)

우리는 늦지 않기 위해 뛰었어.

13. I _____ with Sihu. (want, be friends)

나는 시후랑 친구가 되고 싶어.

14. It's not _____. (a reason, fight)

그것은 싸울 이유가 아니다.

15. He has _____. (many things, finish)

그는 끝내야 할 일이 많아.

16. You _____. (deserve, win the prize)

너는 상을 탈 자격이 있어.

17. I _____ my future. (like, imagine)

나는 나의 미래를 상상해보는 것을 좋아해.

18. Dad came into my room _____.
(see, why we were so noisy)

아빠는 우리가 왜 그렇게 시끄러웠는지 알아보기 위해 내 방으로 들어오셨어.

19. They _____ by train. (like, travel)

그들은 기차로 여행하는 것을 좋아해.

20. I _____ from the castle. (come, rescue you)

나는 너를 성에서 구출하기 위해 왔어.

03 I need some time to play.

to부정사가 형용사적 용법으로 쓰이면 명사를 꾸며주는 역할을 해요!

❖ POiNT ❖

명사를 꾸며주는 역할 주로 명사 뒤에 와서 '~할, ~하는 명사' 로 해석해요.

I need some **time** to play.

나는 놀 시간이 필요해.

I have lots of **homework** to do.

나는 할 숙제가 많아.

I have many **friends** to talk to.

나는 이야기할 친구들이 많이 있어.

We need **something** to drink.

우리는 마실 무언가가 필요해.

Check and Write

다음 문장에서 to부정사가 꾸며 주는 명사에 동그라미 하세요.

1. Mom has many things to buy.

엄마는 사야할 것들이 많아.

2. There is lots of food to eat.

먹을 음식들이 많이 있어.

3. I don't have time to play.

나는 놀 시간이 없단다.

4. He has the courage to try new things.

그는 새로운 것들을 시도할 용기가 있어.

5. I have lots of books to read.

나는 읽을 책이 많아.

UNIT 04 I am glad to see my friends.

to부정사의 용법(3) 부사적 용법

to부정사가 **부사적 용법**으로 쓰이면 **목적이나 원인**을 표현하는 역할을 해요!

❖ POiNT 1 ❖

목적 · 주로 동사 뒤나 문장 끝에 와서 '~하기 위해서'라고 해석해요.

I go to school <u>to study</u>.
나는 공부하기 위해서 학교에 간다.

I study <u>to pass</u> the exam.
나는 시험을 통과하기 위해서 공부한다.

❖ POiNT 2 ❖

원인 · 주로 형용사 뒤에 와서 '~해서'로 해석해요.

I am glad <u>to see</u> my friends.
나는 내 친구들을 봐서 기쁘다.

I am happy <u>to help</u> you.
당신을 돕게 되어서 기쁩니다.

Check and Write

다음 문장에서 밑줄 친 to부정사의 의미가 '원인'인지 '목적'인지 써 보세요.

1. I save my pocket money
   <u>to buy</u> a new smartphone.
   나는 새 스마트폰을 사기 위해 용돈을 모아.

   목적

2. I'm happy <u>to be</u> with you.
   나는 너와 함께 있어서 행복해.

3. A fish jumped up <u>to go</u> into a bigger jar.
   물고기가 더 큰 항아리에 들어가기 위해 점프했어.

4. I'm sorry <u>to mess up</u>.
   엉망으로 만들어서 미안해.

5. We ran fast <u>to go</u> home early.
   우리는 일찍 집에 가기 위해 빨리 뛰었어.

Practice 1 to부정사의 알맞은 쓰임을 익혀 보아요.

다음 문장의 빈칸에 알맞은 표현을 보기 에서 골라 to부정사로 만들어 써 보세요.

A Sihu's father is coming home.

보기	go	see	pick up	tell

1. *Sihu* : _____To_____ _____tell_____ you how much I love him is impossible. 내가 얼마나 그를 사랑하는지 당신에게 말하는 건 불가능해요.

2. *Mother* : Do you want _____ _____ to the airport with me? 나와 함께 공항에 갈래?

3. *Mother* : Why don't you come with me _____ _____ _____ your daddy? 나와 함께 아빠를 모시러 가는 게 어떠니?

4. *Sihu* : Yes! I would like _____ _____ him! 좋아요! 나는 그를 보고 싶어요!

B At Sihu's house

보기	be	have	remember	sleep

1. *Sihu* : I am happy _____ _____ home! 난 집에 와서 좋아!

2. *Sihu* : Junwoo, would you like _____ _____ dinner with us? 준우야, 우리와 함께 저녁 먹을래?

3. *Junwoo* : Of course! My plan is _____ _____ at your house tonight. 물론이지! 내 계획은 오늘 밤 너희 집에서 자는 거야.

4. *Junwoo* : It will be a night _____ _____. 그것은 기억할 만한 밤이 될 거야.

C In the morning

| 보기 | wake | come | bother | go | sleep |

1. *Mother* : Sihu, Junwoo's mother called to tell him _____ _____ home.
시후야, 준우의 어머니께서 그에게 집으로 오라고 말하려고 전화하셨다.

2. *Sihu* : He didn't get up! _____ _____ him up is difficult! 그는 일어나지 않았어요! 그를 깨우는 건 어려워요!

3. *Sihu* : He loves _____ _____ so much!
그는 자는 걸 엄청 좋아해요!

4. *Sihu* : I don't want _____ _____ him.
나는 그를 방해하고 싶지 않아요.

5. Junwoo woke up _____ _____ home.
준우는 집으로 가기 위해 일어났다.

D What are you doing?

| 보기 | do | help | write | finish | pass | focus |

1. I have a lot of things _____ _____. 나는 할 일이 많아.

2. I am trying _____ _____. 나는 집중하려고 노력 중이야.

3. My homework is _____ _____ a poem. 내 숙제는 시를 쓰는 거야.

4. It's time _____ _____ this! 이걸 끝낼 시간이야!

5. Junsu doesn't have time _____ _____ me. 준수는 나를 도와줄 시간이 없어.

6. He must study _____ _____ the math exam. 그는 수학시험에 통과하기 위해 공부해야 하거든.

다음 우리말 뜻과 같도록 주어진 표현을 순서에 맞게 배열하여 문장을 완성하고, to부정사가 어떤 용법으로 쓰였는지 고르세요.

1. (is, To forget a friend, sad). 친구를 잊는 것은 슬퍼.
    → _____To forget a friend is sad_____ .

    → [명사적 용법, 형용사적 용법, 부사적 용법]

2. (to do your best, The most important thing, is). (*do one's best: 최선을 다하다)
    가장 중요한 것은 최선을 다하는 거야.

    → _____ .

    → [명사적 용법, 형용사적 용법, 부사적 용법]

3. (Peter Pan decided, grow up, not to).
    피터팬은 자라지 않기로 결심했다. [피터팬]

    → _____ .

    → [명사적 용법, 형용사적 용법, 부사적 용법]

4. *Red Riding Hood*   : (am going to the forest, I,
                             to see my grandma). (*forest: 숲)

    빨간모자   : 나는 할머니를 뵙기 위해서 숲에 가고 있어요. [빨간모자]

    → _____ .

    → [명사적 용법, 형용사적 용법, 부사적 용법]

5. *Grass hopper*   : (didn't have time, to store food, I). (*store: 저장하다)
    베짱이   : 나는 음식을 저장할 시간이 없었어. [개미와 베짱이]

    → _____ .

    → [명사적 용법, 형용사적 용법, 부사적 용법]

6. *Rabbit*   : (to meet, I'm here, the king).
    토끼   : 나는 왕을 만나기 위해 여기에 왔어. [별주부전]

    → _____ .

    → [명사적 용법, 형용사적 용법, 부사적 용법]

7. (to travel alone, I, wish). 나는 혼자 여행하길 소망해.

➡ _____.

➡ [명사적 용법, 형용사적 용법, 부사적 용법]

8. (the bathroom, to clean, My dad, chose). 나의 아빠는 화장실 청소하기를 선택하셨다.

➡ _____.

➡ [명사적 용법, 형용사적 용법, 부사적 용법]

9. *Rabbit* : (I forgot, my liver, to bring). (*liver: 간)

토끼 : 저는 제 간을 가져오는 것을 깜빡했어요. [별주부전]

➡ _____.

➡ [명사적 용법, 형용사적 용법, 부사적 용법]

10. *Nolbu's wife* : (to give you, no rice, We have)!

놀부 아내 : 우리는 너한테 줄 쌀이 없어! [흥부와 놀부]

➡ _____!

➡ [명사적 용법, 형용사적 용법, 부사적 용법]

11. *Tiger* : (something, Give me, to eat), or I will eat you!

호랑이 : 먹을 무언가를 나에게 줘, 그렇지 않으면 나는 너를 잡아먹을 거야! [해와 달이 된 오누이]

➡ _____, or I will eat you!

➡ [명사적 용법, 형용사적 용법, 부사적 용법]

12. (the limits, It's a chance, to test)! 한계를 시험할 기회야!

➡ _____!

➡ [명사적 용법, 형용사적 용법, 부사적 용법]

13. (have a plan, to save the children, They). 그들은 어린이들을 구할 계획을 가지고 있어.

➡ _____.

➡ [명사적 용법, 형용사적 용법, 부사적 용법]

14. (the class, to start, It's time). 수업을 시작할 시간이야.

➥ _____ .

➥ [명사적 용법, 형용사적 용법, 부사적 용법]

15. (dreams, It is good, to have). 꿈을 가지는 것은 좋아.

➥ _____ .

➥ [명사적 용법, 형용사적 용법, 부사적 용법]

16. (to yell anymore, Promise me, not).

더 이상 소리 지르지 않겠다고 나에게 약속해.

➥ _____ .

➥ [명사적 용법, 형용사적 용법, 부사적 용법]

17. (to buy, a used car, He decided). (*used: 중고의)

그는 중고차를 사기로 결정했다.

➥ _____ .

➥ [명사적 용법, 형용사적 용법, 부사적 용법]

18. When you ride a bicycle, (you move, your balance, to keep).

네가 자전거를 탈 때, 너는 균형을 유지하기 위해 움직인다. (*balance: 균형)

➥ When you ride a bicycle, _____ .

➥ [명사적 용법, 형용사적 용법, 부사적 용법]

19. (He agreed, our club, to join).

그는 우리 클럽에 가입하는 데 동의했어.

➥ _____ .

➥ [명사적 용법, 형용사적 용법, 부사적 용법]

20. (went to the flower shop, We, to buy some flowers).

우리는 꽃을 조금 사기 위해서 꽃가게에 갔어.

➥ _____ .

➥ [명사적 용법, 형용사적 용법, 부사적 용법]

Practice 3 to부정사를 써서 문장을 완성해 보아요.

우리말 뜻을 참고하여 주어진 표현을 사용해 문장을 완성하세요.

1. (eat pancakes)
    엄마, 저는 팬케이크를 먹고 싶어요.

    ➡ Mom, I want <u>to eat</u>
    <u>pancakes</u> .

2. (help you)
    나는 너를 돕게 되어서 기뻐.

    ➡ I am glad _____
    _____ .

3. (make bread) 나는 빵을 만들기 위해서 밀가루와 계란을 사야 해. (*flour: 밀가루)
    ➡ I must buy flour and eggs _____ .

4. (go shopping) 나는 장보러 갈 시간이 없어.
    ➡ I don't have time _____ .

5. (help me) 나를 도와주다니 넌 친절하구나!
    ➡ It is kind of you _____ !

6. (say to me) 너 나한테 말할 게(할 말이) 있어?
    ➡ Do you have anything _____ ?

7. (keep a secret) (*keep a secret: 비밀을 지키다)

그녀는 비밀을 지키기로 약속했어.

➡ She promised _____.

8. (choose a team leader)

그들은 팀장을 선택하기 위해서 투표했어.

➡ They voted _____

_____.

9. (explain) (*explain: 해명하다, 설명하다)

나에게 해명할 기회를 줘!

➡ Give me a chance

_____!

10. (hear the news) 미나는 그 소식을 듣고 매우 기뻤다.

➡ Mina was very glad _____.

11. (say hello to you) 나는 너에게 인사하기 위해 왔어.

➡ I came _____.

12. (play with me) 시후야, 너 나랑 놀 시간 있어?

➡ Sihu, do you have time _____?

13. (play for a while) (*for a while: 잠깐동안)

물론이지. 잠깐 노는 건 괜찮아.

➡ Of course. _____ is okay.

14. (go to the library)   나는 도서관에 가기 위해 집을 나섰어.

➡ I left home _____.

15. (read novels)   (*novel: 소설)

그녀는 소설 읽는 것을 좋아해.

➡ She likes _____.

16. (tell you)

나 너한테 말할 비밀이 있어.

➡ I have a secret

_____.

17. (wash clothes)

빨래하는 것은 지루해.

➡ _____

is boring.

18. (play with friends)   친구들과 노는 것도 중요하다.

➡ _____ is important, too.

19. (do)   우리는 해야 할 숙제가 많아.

➡ We have a lot of homework _____.

20. (answer)   풀어야 할 20개의 문제가 있습니다.

➡ There are 20 questions _____.

Let's Practice More!

학습목표 1 | to부정사의 형용사적 용법을 연습해 보아요.　　　⏱ 공부한 날 :　　　✅ 맞은 개수 :　　　/14개

 다음 밑줄 친 부분에 적절한 해석을 골라 보세요.

01. I have a lot of homework to do. (하기 위해 / 할)

02. Do you have time to play with me? (놀기 위해 / 놀)

03. Give me something to eat. (먹기 위해 / 먹을)

04. It's a chance to test the limits! (시험할 / 시험하기 위해)

05. They have a plan to save the children. (구할 / 구하는 것)

06. It's time to start the class. (시작하기 위해 / 시작할)

07. I don't have time to go shopping. (갈 / 가기 위해)

08. Do you have anything to say to me? (말할 / 말하기 위해)

09. Give me a chance to explain! (해명하기 위해 / 해명할)

10. There are 20 questions to answer. (풀기 위해 / 풀어야 할)

11. I have nothing to tell you. (말할 / 말하기 위해)

12. We have no rice to give you! (줄 / 주기 위해)

13. I have a secret to tell you. (말하기 위해 / 말할)

14. It will be a night to remember. (기억할 만한 / 기억하기 위해)

Let's Practice More!

학습목표 1 | to부정사의 형용사적 용법을 연습해 보아요.　　　공부한 날 :　　맞은 개수 :　　/14개

다음 밑줄 친 to부정사가 꾸며주는 명사를 빈칸에 써 보세요.

01. I don't have time <u>to go</u> shopping.
나는 장보러 갈 시간이 없어.
➡ ___time___

02. We have a lot of homework <u>to do</u>.
우리는 해야 할 숙제가 많아.
➡ _____

03. There are 20 questions <u>to answer</u>.
풀어야 할 20개의 문제가 있습니다.
➡ _____

04. I have a secret <u>to tell</u> you.
나 너한테 말할 비밀이 있어.
➡ _____

05. Do you have time <u>to play</u> with me?
너 나랑 놀 시간 있어?
➡ _____

06. It will be a night <u>to remember</u>.
그것은 기억할 만한 밤이 될 거야.
➡ _____

07. Give me something <u>to eat</u>.
나에게 먹을 무언가를 줘.
➡ _____

08. I have a lot of things <u>to do</u>.
나는 할 일이 많아.
➡ _____

09. I have nothing <u>to tell</u> you.
나는 너에게 할 말이 없어.
➡ _____

10. I didn't have time <u>to store</u> food.
나는 음식을 저장할 시간이 없었어.
➡ _____

11. We have no rice <u>to give</u> you!
우리는 너한테 줄 쌀이 없어!
➡ _____

12. It's a chance <u>to test</u> the limits!
한계를 시험할 기회야!
➡ _____

13. They have a plan <u>to save</u> the children.
그들은 어린이들을 구할 계획을 가지고 있어.
➡ _____

14. Do you have anything <u>to say</u> to me?
너 나한테 말할 게(할 말이) 있어?
➡ _____

Let's Practice More!

학습목표 2 | to부정사의 부사적 용법을 연습해 보아요.　　　🗓 공부한 날 :　　　📋 맞은 개수 :　　　/12개

🦉 다음 밑줄 친 to부정사의 부사적 용법이 목적이면 '목', 원인이면 '원'을 쓰세요.

01. I must buy flour and eggs <u>to make</u> bread.
나는 빵을 만들기 위해서 밀가루와 계란을 사야 해.
→ ___목___

02. I came <u>to say</u> hello to you.
나는 너에게 인사하기 위해 왔어.
→ _____

03. Junwoo woke up <u>to go</u> home.
준우는 집으로 가기 위해 일어났다.
→ _____

04. I am glad <u>to help</u> you.
나는 너를 돕게 되어서 기뻐.
→ _____

05. The doctor was happy <u>to find</u> a new cure.　(*cure: 치료법)
그 의사는 새로운 치료법을 찾게 되어서 기뻤어.
→ _____

06. We went to the flower shop <u>to buy</u> some flowers.
우리는 꽃을 조금 사기 위해서 꽃가게에 갔어.
→ _____

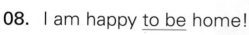

07. You move <u>to keep</u> your balance.
너는 균형을 유지하기 위해 움직인다.
→ _____

08. I am happy <u>to be</u> home!
난 집에 와서 좋아!
→ _____

09. I am going to the forest <u>to see</u> my grandma.
나는 할머니를 뵙기 위해서 숲에 가고 있어요.
→ _____

10. I'm sorry <u>to mess</u> up!
엉망으로 만들어서 미안해!
→ _____

11. He must study <u>to pass</u> the math exam.
그는 수학시험에 통과하기 위해 공부해야 해.
→ _____

12. He was sad <u>to hear</u> the news.
그는 그 소식을 들어서 슬펐어.
→ _____

Let's Practice More!

학습목표 3 | to부정사의 세 가지 용법을 연습해 보아요.　　　　🗓 공부한 날 : 　　　📋 맞은 개수 : 　/12개

🦉 다음 밑줄 친 to부정사가 명사적 용법이면 '명', 형용사적 용법이면 '형', 부사적 용법이면 '부'를 쓰세요.

01. <u>To tell</u> you how much I love him is impossible.　➡ ___명___

내가 얼마나 그를 사랑하는지 당신에게 말하는 건 불가능해요.

02. Junwoo woke up early <u>to meet</u> his girlfriend.　➡ _____

준우는 그의 여자친구를 만나기 위해 일찍 일어났어.

03. I would like <u>to see</u> him!　➡ _____

나는 그를 보고 싶어요!

04. He loves <u>to play</u> games so much!　➡ _____

그는 게임하는 걸 엄청 좋아해요!

05. I am happy <u>to be</u> home!　➡ _____

난 집에 와서 좋아!

06. My plan is <u>to sleep</u> at your house tonight.　➡ _____

내 계획은 오늘 밤 너희 집에서 자는 거야.

07. <u>To forget</u> a friend is sad.　➡ _____

친구를 잊는 것은 슬퍼.

08. I need some time <u>to relax</u>.　➡ _____

나는 쉴 시간이 필요해.

09. I'm here <u>to meet</u> the king.　➡ _____

나는 왕을 만나기 위해 여기에 왔어.

10. I am going to the forest <u>to see</u> deer.　➡ _____

나는 사슴을 보기 위해 숲에 가고 있어요.

11. It will be a night <u>to remember</u>.　➡ _____

그것은 기억할 만한 밤이 될 거야.

12. I have a lot of things <u>to do</u>.　➡ _____

나는 할 일이 많아.

학습목표 3 | to부정사의 세 가지 용법을 연습해 보아요.   📅 공부한 날 :   📋 맞은 개수 :   /14개

🦉 밑줄 친 to부정사가 ( ) 안의 용법으로 쓰였으면 ○표, 틀리면 바르게 고쳐 보세요.

01. To forget a friend is sad. (형용사적 용법)   ➡ _____명사적 용법_____

친구를 잊는 것은 슬퍼.

02. My homework is to write a poem. (명사적 용법)   ➡ _____

내 숙제는 시를 쓰는 거야.

03. It's time to finish this! (부사적 용법)   ➡ _____

이걸 끝낼 시간이야!

04. I want to eat pancakes. (형용사적 용법)   ➡ _____

저는 팬케이크를 먹고 싶어요.

05. I am glad to help you. (명사적 용법)   ➡ _____

나는 너를 돕게 되어서 기뻐.

06. I must buy flour and eggs to make bread. (형용사적 용법)   ➡ _____

나는 빵을 만들기 위해서 밀가루와 계란을 사야 해.

07. The most important thing is to do your best. (형용사적 용법)   ➡ _____

가장 중요한 것은 최선을 다하는 거야.

08. It's a chance to test the limits! (부사적 용법)   ➡ _____

한계를 시험할 기회야!

09. Peter Pan decided not to grow up. (부사적 용법)   ➡ _____

피터팬은 자라지 않기로 결심했다.

10. Give me a chance to explain! (형용사적 용법)   ➡ _____

나에게 해명할 기회를 줘!

11. I have nothing to tell you. (형용사적 용법)   ➡ _____

나는 너에게 할 말이 없어.

12. He decided to buy a used car. (부사적 용법)   ➡ _____

그는 중고차를 사기로 결정했다.

13. You move to keep your balance. (명사적 용법)   ➡ _____

너는 균형을 유지하기 위해 움직인다.

14. He agreed to join our club. (명사적 용법)   ➡ _____

그는 우리 클럽에 가입하는 데 동의했어.

Let's Practice More!

학습목표 3 | to부정사의 세 가지 용법을 연습해 보아요.   📅 공부한 날 :   📋 맞은 개수 :   /14개

 우리말 해석을 참고하여 다음 빈칸에 알맞은 표현을 써 보세요.

01. Peter Pan decided _____**not to**_____ grow up.   피터팬은 자라지 않기로 결심했다.

02. I am going to the forest _____ see my grandma.
나는 할머니를 뵙기 위해서 숲에 가고 있어요.

03. I didn't have time _____ store food.
나는 음식을 저장할 시간이 없었어.

04. Promise me _____ yell anymore.
더 이상 소리 지르지 않겠다고 나에게 약속해.

05. He decided _____ buy a used car.   그는 중고차를 사기로 결정했다.

06. Do you have anything _____ say to me?   너 나한테 말할 게(할 말이) 있어?

07. She promised _____ keep a secret.   그녀는 비밀을 지키기로 약속했어.

08. They voted _____ choose a team leader.   그들은 팀장을 선택하기 위해서 투표했어.

09. I left home _____ go to the library.   나는 도서관에 가기 위해 집을 나섰어.

10. I wish _____ travel alone.   나는 혼자 여행하지 않길 소망해.

11. My dad chose _____ clean the bathroom.
나의 아빠는 화장실 청소하기를 선택하셨다.

12. They have a plan _____ save the children.
그들은 어린이들을 구할 계획을 가지고 있어.

13. It's time _____ start the class.   수업을 시작할 시간이야.

14. She likes _____ play video games with her brother.
그녀는 그녀의 오빠와 함께 비디오 게임 하는 것을 좋아해.

Let's Practice More!

학습목표 4 | to부정사를 이용해 다양한 문장을 완성해 보아요.　　　🗓 공부한 날 :　　　📋 맞은 개수 :　　/20개

 다음 ( )의 단어를 이용하여 문장을 완성해 보세요.

01.

She promised ___to keep___ a secret. (keep)

그녀는 비밀을 지키기로 약속했어.

02.

She likes _____ novels. (read)

그녀는 소설 읽는 것을 좋아해.

03. We went to the flower shop _____ some flowers. (buy)

우리는 꽃을 조금 사기 위해서 꽃가게에 갔어.

04. I came _____ hello to you. (say)　나는 너에게 인사하기 위해 왔어.

05. _____ for a while is okay. (play)　잠깐 노는 건 괜찮아.

06. I left home _____ to the library. (go)　나는 도서관에 가기 위해 집을 나섰어.

07. It is kind of you _____ me! (help)　나를 도와주다니 넌 친절하구나!

08. Do you want _____ to the airport with me? (go)　나와 함께 공항에 갈래?

09. _____ him up is difficult. (wake)　그를 깨우는 건 어려워요.

10. Would you like _____ dinner with us? (have)　너 우리와 함께 저녁 먹을래?

　🔍 정답과 해설 p.4

11.

My dog loves _____
so much! (sleep)
나의 개는 자는 걸 엄청 좋아해요!

12.

I want _____ pancakes.
(eat)
저는 팬케이크를 먹고 싶어요.

13. I am trying _____. (focus) 나는 집중하려고 노력 중이야.

14. My homework is _____ a poem. (write) 내 숙제는 시를 쓰는 거야.

15. Our plan is _____ at your house tonight. (sleep)
우리의 계획은 오늘 밤 너희 집에서 자는 거야.

16. Why don't you come with me _____ your daddy? (pick up)
나와 함께 아빠를 모시러 가는 게 어떠니?

17. I would like _____ him! (see) 나는 그를 보고 싶어요!

18. I don't want _____ him. (bother) 나는 그를 방해하고 싶지 않아요.

19. _____ clothes is boring. (wash) 빨래하는 것은 지루해.

20. _____ with friends is important, too. (play) 친구들과 노는 것도 중요하다.

학습목표 4 | to부정사를 이용해 다양한 문장을 완성해 보아요.   🕐 공부한 날 :   📝 맞은 개수 :   /20개

 ( ) 안에 주어진 표현 중 알맞은 것을 고르세요.

01. (To wash clothes / Wash clothes) is boring.
빨래하는 것은 지루해.

02. (To play with friends / Play with friends) is important.
친구들과 노는 것은 중요해.

03. (Tell you / To tell you) how much I love him is impossible.
내가 그를 얼마나 사랑하는지 당신에게 말하는 것은 불가능해요.

04. Do you want (to go to the airport / go to the airport) with me?
너는 나와 함께 공항에 가기를 원하니?

05. Why don't you come with me (pick up / to pick up) your daddy?
나와 함께 아빠를 모시러 가는 게 어떠니?

06. I have a lot of (things do / things to do).
나는 할 일들이 많이 있어.

07. I am (trying focus / trying to focus).
나는 집중하려고 노력 중이야.

08. Junsu doesn't have time (to help me / help me).
준수는 나를 도와줄 시간이 없어.

09. He must study (to pass the math exam / pass the math exam).
그는 수학 시험을 통과하기 위해 공부해야 해.

10. Junwoo's mother called (tell him / to tell him) to come home.
준우의 어머니는 그에게 집으로 오라고 말하기 위해 전화하셨어.

11. (To play for a while / Play for a while) is okay.

잠깐 노는 것은 괜찮아.

12. I wish (to travel alone / travel alone).

나는 혼자 여행하기를 소망해.

13. My mom chose (clean the kitchen / to clean the kitchen).

나의 엄마는 부엌을 청소하는 것을 선택하셨어.

14. I forgot (bring my smartphone / to bring my smartphone).

나는 내 스마트폰을 가져오는 것을 잊어버렸어.

15. It is kind of you (to help me / help me)!

나를 도와주다니 너는 친절하구나!

16. It is good (have dreams / to have dreams).

꿈을 가지는 것은 좋아.

17. Promise me (to not / not to) yell anymore.

더 이상 소리 지르지 않겠다고 나에게 약속해.

18. He agreed (to join our club / join our club).

그는 우리 클럽에 가입하는 것을 동의했어.

19. (To forget a friend / Forget a friend) is sad.

친구를 잊는 것은 슬퍼.

20. Give me (something to eat / something eat).

나에게 먹을 무언가를 줘.

Chapter

02 동명사

이 챕터에서는 동사 뒤에 -ing를 붙여서 명사로 만드는 방법인
'동명사'에 대해 배워 보아요.

이 챕터에 나올 단어들 중 이미 알고 있는 단어가 있나요?
맞는 뜻을 골라 체크해 봐요.

📅 날짜 :   ℹ️ 이름 :   📋 알고 있는 단어의 수 :   /24개

No.	아는 단어	단어	품사	알맞은 뜻에 체크 표시해 봐요.			
1	✔	ride	동사	타다	✔	읽다	
2		wear	동사	벗다		입다	
3		hate	동사	좋아하다		싫어하다	
4		wish	명사	희망사항		놀이	
5		nervous	형용사	편안한		긴장한	
6		about	전치사	~와 함께		~에 대해	
7		press	동사	누르다		당기다	
8		break	명사	휴식		일	
9		from	전치사	~까지		~로부터	
10		high	부사	낮게		높이	
11		back	명사	등		배	
12		horse	명사	말		당나귀	
13		poor	형용사	잘하는		잘 못하는	
14		expensive	형용사	싼		비싼	
15		drop	동사	붙다		떨어뜨리다	
16		draw	동사	그리다		자르다	
17		under	전치사	~위에		~아래에	
18		low	형용사	낮은		높은	
19		keep	동사	중단하다		계속 ~하다	
20		habit	명사	습관		취미	
21		balance	명사	균형		균열	
22		sunbathe	동사	목욕하다		일광욕하다	
23		vegetable	명사	채소		과일	
24		thank	동사	감사하다		미안해하다	

01 reading, coming, dying, running

❖ POiNT 1 ❖

동명사는 **동사의 뒤에 -ing**를 붙여서 다른 품사로 만드는 또 다른 방법이에요!
동사를 명사, 형용사, 부사로 만들 수 있는 to부정사와는 달리 동명사는 동사를 **명사로만** 바꿀 수 있고, '**∼하는 것**', '**∼하기**'로 해석해요!

동사원형	+	-ing	=	동명사 ∼하는 것, ∼하기

❖ POiNT 2 ❖

동명사 만드는 방법
대부분의 경우에는 **동사원형**에 **-ing**를 붙여요.

read sing	⇨	read + ing sing + ing	⇨	reading singing

-e로 끝나는 동사는 **-e**를 빼고 **-ing**를 붙여요.

come ride	⇨	com~~e~~ + ing rid~~e~~ + ing	⇨	coming riding

-ie로 끝나는 동사는 **-ie**를 **y**로 바꾸고 **-ing**를 붙여요.

die lie	⇨	dy + ing ly + ing	⇨	dying lying

단모음+단자음으로 끝나는 동사는 **마지막 자음을 한 번 더 쓰고** **-ing**를 붙여요.

run stop	⇨	runn + ing stopp + ing	⇨	running stopping

Check and Write

다음 주어진 동사원형을 동명사로 올바르게 바꿔 문장을 완성해보세요.

1. wear 입다

    I like [wearing] a raincoat.

    나는 우비 입는 걸 좋아해.

2. read 읽다

    I enjoy [   ] books.

    나는 책 읽는 것을 즐겨.

3. lie 거짓말하다

    I hate [   ].

    나는 거짓말하는 것을 싫어해.

4. run 달리다

    I don't like [   ].

    나는 달리는 것을 좋아하지 않아.

UNIT 02 I'm good at speaking English.

동명사는 명사 역할을 하기 때문에 명사가 들어갈 수 있는 자리,
즉, **주어, 목적어, 보어** 자리에 들어갈 수 있어요.

❖ POiNT 1 ❖

주어 역할

Getting up early is difficult.
일찍 일어나는 것은 어려워.

※ 주어 역할을 하는 동명사는 단수로 생각해요!
뒤에 오는 동사는 항상 3인칭 단수형을 써요!

❖ POiNT 2 ❖

목적어 역할

I enjoy playing soccer.
나는 축구하는 것을 즐겨.

❖ POiNT 3 ❖

보어 역할

My hobby is watching TV.
나의 취미는 TV를 보는 것이야.

※ **전치사 뒤에 올 수 있는 동명사**
at, by, on과 같은 전치사 뒤에는 명사와 동명사만 쓰일 수 있어요!

I'm good at speaking English.   (*be good at: ~을 잘하다, ~에 능숙하다)
나는 영어로 말하는 걸 잘해.

Check and Write

다음 밑줄 친 동사를 동명사로 고쳐서 전체 문장을 다시 쓰고, 동명사가 주어, 목적어, 보어 중 어느 역할을 하는지 빈칸에 쓰세요.

1. I like <u>play</u> soccer.

    나는 축구하는 것을 좋아해.

I like playing soccer

목적어

2. <u>Cook</u> is interesting.

    요리하는 것은 재밌어.

3. My hobby is <u>play</u> games.

    내 취미는 게임을 하는 거야.

4. I enjoy <u>watch</u> movies.

    나는 영화 보는 것을 즐겨.

Practice 1 동명사의 쓰임을 익혀 보아요.

다음 문장에 알맞은 단어를 보기 에서 골라 알맞게 변형하여 빈칸에 써 보세요.
(일반동사는 동명사로 만들어 쓰세요.)

A We change seats!

보기   sit   is   draw   at   change

1. I like ___changing___ seats. 나는 자리 바꾸는 걸 좋아해.

2. Changing seats _____ exciting. 자리를 바꾸는 것은 신나.

3. My wish is _____ next to Sihu. 내 희망사항은 시후 옆에 앉는 거야.

4. _____ lots makes me nervous. (*drawing lots: 제비뽑기)
   제비뽑기는 나를 긴장하게 해.

5. But I'm good _____ drawing lots. 하지만 나는 제비뽑기를 잘해.

B Taking a math test!

보기   do   try   challenge   study

1. _____ math is difficult.
   수학을 공부하는 것은 어려워.

2. But I always enjoy _____.
   하지만 나는 항상 도전하는 걸 즐겨. (*challenge: 도전하다)

3. _____ hard is more important than doing well.
   잘하는 것보다 열심히 노력하는 게 더 중요해.

4. Mom prefers trying hard to _____ well, too.
   엄마도 잘하는 것보다 열심히 노력하는 것을 더 좋아하서. (*prefer A to B: A를 B보다 더 좋아하다)

C Bad behavior (*behavior: 행동)

보기	about	is	tease	know	laugh

1. You can't say her name without _____.
   너는 웃지 않고는 그녀의 이름을 말할 수 없어.

2. Making fun of your friends _____ wrong. (*make fun of: ~을 놀리다)
   너의 친구를 놀리는 건 나빠.

3. I feel bad about _____ her. 나는 그녀를 놀린 게 후회가 돼.

4. I'm sorry _____ teasing you.
   너를 놀려서 미안해. (*tease: 놀리다)

5. _____ your faults is important. (*fault: 잘못, 책임)
   너의 잘못을 아는 것이 중요해.

D What I want to do now

보기	press	go	see	take	play

1. I am tired of _____ this game. (*be tired of: ~가 싫증나다)
   나는 이 게임하는 게 싫증나.

2. You can stop the game by _____ this button.
   너는 이 버튼을 누르면 게임을 멈출 수 있어. (*by -ing: ~함으로써)

3. Do you like _____ a movie? 너는 영화 보는 것을 좋아하니?

4. I just don't feel like _____ to a movie. (*feel like -ing: ~하고 싶다)
   나는 그저 영화를 보러가고 싶지 않아.

5. What I want to do now is _____ a break.
   내가 지금 하고 싶은 건 쉬는 거야. (*take a break: 쉬다)

Practice 2 동명사가 쓰인 문장을 완성해 보아요.

다음 우리말 뜻과 같도록 주어진 표현을 순서에 맞게 배열하여 문장을 완성하세요.

1. (my favorite thing to do, Laughing, is).

웃는 건 내가 가장 하기 좋아하는 일이야.

➡ Laughing is my favorite thing to do .

2. (travelling, I, like)!

나는 여행하는 것을 좋아해!

➡ _____ !

3. (is, Flying to New York from Seoul, expensive).

서울에서 뉴욕으로 비행기를 타고 가는 것은 비싸.

➡ _____ .

4. (am good at, I, jumping high). 나는 높이 뛰는 것을 잘해.

➡ _____ .

5. (I hate, on my back, giving her a ride). (*hate ~ing: ~하는 것을 몹시 싫어하다)

나는 내 등에 그녀를 태우는 게 너무 싫어.

➡ _____ .

6. (a mistake, Dropping her from my back, is).

내 등에서 그녀를 떨어뜨린 것은 실수야.

➡ _____ .

7. (is, My hobby, swimming). 내 취미는 수영하는 거야. (*hobby: 취미)

→ _____.

8. (am poor at, I, speaking English). (*be poor at: ~을 잘 못하다, ~에 서투르다)
나는 영어로 말하는 것을 잘 못해.

→ _____.

9. (playing with her puppy, loves, She).

그녀는 그녀의 강아지와 노는 것을 아주 좋아해.

→ _____
_____.

10. (fighting with, Stop, your brother)!

네 형과 싸우는 것을 멈춰! (네 형과 그만 싸워!)

→ _____
_____!

11. (riding a horse, She, is not good at). 그녀는 승마에 능숙하지 않아.

→ _____.

12. (taking our photograph, mind, Would you)? 저희 사진 좀 찍어주실래요?

→ _____?

13. (is not good at, He, making friends). 그는 친구 만드는 걸 잘 못해.

→ _____.

14. (I, talking to you, enjoyed).

저는 당신과 이야기하는 것을 즐겼습니다. (대화 즐거웠습니다.)

➡ _____ .

15. (understanding me, for, Thank you). 나를 이해해줘서 (당신께) 고마워요.

➡ _____ .

16. (drawing, I like, cartoons).

나는 만화 그리는 것을 좋아해.

➡ _____
_____ .

17. (like, They, eating out) on Sundays.

그들은 일요일에 외식하는 것을 좋아해.

➡ _____
_____ on Sundays.

18. (Happiness, enjoying your life, is).

행복이란 너의 삶을 즐기는 거야.

➡ _____ .

19. (My dream is, a scientist, becoming).

나의 꿈은 과학자가 되는 거야.

➡ _____ .

20. (walking, They, keep). (*keep ~ing: ~을 계속하다, 반복하다)

그들은 계속해서 걸어.

➡ _____ .

Practice 3 동명사를 써서 문장을 완성해 보아요.

우리말 뜻을 참고하여 주어진 표현을 동명사형으로 바꿔서 문장을 완성하세요.

CH 02

1. (play hide-and-seek)
그녀는 숨바꼭질 놀이를 잘해.

➜ She is good at _____ <u>playing hide-and-seek</u> .

2. (Take a nap)
낮잠을 자는 것은 너에게 좋아.

➜ _____
_____ is good for you.

3. (hide under the chair) 내 고양이의 습관은 의자 밑에 숨어있는 거야.
➜ My cat's habit is _____.

4. (Play with him) 그와 노는 것은 지루해.
➜ _____ is boring.

5. (wash the dishes) 그녀는 설거지하는 것을 끝냈어.
➜ She finished _____.

6. (clean my room) 나는 내 방 청소하는 것을 안 좋아해.
➜ I don't like _____.

7. (Study English) 영어를 공부하는 것은 중요해.
➜ _____ is important.

🔍 정답과 해설 p.4   CHAPTER 02 동명사 • **63**

8. (cry)

아기가 울음을 멈추지 않았어.

➔ The baby didn't stop

_____.

9. (fish)

아빠와 나는 낚시하러 갔어.

➔ Dad and I went

_____.

10. (move) 균형을 유지하기 위해서, 너는 계속 움직여야해.

➔ To keep your balance, you must keep _____.

11. (shop) 나는 쇼핑하는 게 싫증나.

➔ I am tired of _____.

12. (cook, study) (*prefer A to B: A를 B보다 더 좋아하다)

나는 공부하는 것보다 요리하는 것을 더 좋아해.

➔ I prefer _____ to _____.

13. (read the book) 나는 그 책을 다 읽었어.

➔ I finished _____.

14. (have dinner together) 저녁을 함께 먹는 것은 어떠니?

➔ How about _____?

15. (get a low grade) 나는 낮은 점수를 받을까봐 걱정돼.

→ I am worried about _____.

16. (play baseball)

그는 야구하는 것을 좋아해.

→ He likes _____

_____.

17. (sunbathe) (*sunbathe: 일광욕하다)

그들은 일광욕하는 것을 즐겨.

→ They enjoy

_____.

18. (eat vegetables) 나는 채소 먹는 것을 좋아하지 않아.

→ I don't like _____.

19. (solve the problem) (*give up ~ing: ~하는 것을 포기하다)

그는 그 문제를 푸는 것을 포기했어.

→ He gave up _____.

20. (cheer me up) 기운 나게 해줘서 고마워.

→ Thank you for _____.

Let's Practice More!

학습목표 1 | 동명사의 모양을 익혀 보아요.　　　공부한 날 :　　맞은 개수 :　/12개

다음 단어를 동명사로 바꿔 보세요.

01. change 바꾸다　→　changing

02. sit 앉다　→

03. draw 그리다　→

04. take 가지다, 찍다　→

05. study 공부하다　→

06. enjoy 즐기다　→

07. try 노력하다, 시도하다　→

08. laugh 웃다　→

09. make 만들다　→

10. see 보다　→

11. tease 놀리다　→

12. play 놀다　→

Let's Practice More!

학습목표 1 | 동명사의 모양을 익혀 보아요.   공부한 날 :   맞은 개수 :   /14개

 다음 동사를 동명사로 알맞게 바꿨으면 ○표, 틀리게 바꿨으면 맞게 고쳐 쓰세요.

01. know → knowing ➡ _____ ○ _____

02. play → plaing ➡ _____

03. press → pressing ➡ _____

04. jog → joging ➡ _____

05. go → going ➡ _____

06. take → takeing ➡ _____

07. laugh → laughing ➡ _____

08. make → makeing ➡ _____

09. fly → fling ➡ _____

10. jump → jumping ➡ _____

11. ride → rideing ➡ _____

12. drop → droping ➡ _____

13. swim → swiming ➡ _____

14. speak → speaking ➡ _____

정답과 해설 p.5   CHAPTER 02 동명사 • **67**

학습목표 2 | 동명사의 쓰임을 익혀 보아요.

공부한 날 :   맞은 개수 :   /14개

 다음 밑줄 친 단어가 주어 역할이면 '주', 목적어 역할이면 '목', 보어 역할이면 '보'를 쓰세요.

01. I like <u>cleaning</u> my room. → 목
나는 내 방 청소하는 것을 좋아해.

02. Would you mind <u>taking</u> a picture of us? → _____
저희 사진 좀 찍어주실래요?

03. <u>Taking</u> a nap is good for you. → _____
낮잠을 자는 것은 너에게 좋아.

04. <u>Laughing</u> is my favorite thing to do. → _____
웃는 것은 내가 가장 하기 좋아하는 일이야.

05. My hobby is <u>swimming</u>. → _____
내 취미는 수영하는 거야.

06. <u>Playing</u> with him is boring. → _____
그와 노는 것은 지루해.

07. I enjoyed <u>talking</u> to you. → _____
저는 당신과 이야기하는 것을 즐겼습니다. (대화 즐거웠습니다.)

08. My cat's habit is <u>hiding</u> under the chair. → _____
내 고양이의 습관은 의자 밑에 숨어있는 거야.

09. My dream is <u>becoming</u> a scientist. → _____
나의 꿈은 과학자가 되는 거야.

10. <u>Studying</u> English is important. → _____
영어를 공부하는 것은 중요해.

11. I hate <u>giving</u> her a ride on my back. → _____
나는 내 등에 그녀를 태우는 게 너무 싫어.

12. I like <u>drawing</u> cartoons. → _____
나는 만화 그리는 것을 좋아해.

13. Happiness is <u>enjoying</u> your life. → _____
행복이란 너의 삶을 즐기는 거야.

14. They like <u>eating</u> out on Sundays. → _____
그들은 일요일에 외식하는 것을 좋아해.

Let's Practice More!

학습목표 2 | 동명사의 쓰임을 익혀 보아요.   공부한 날 :   맞은 개수 :   /12개

 다음 ( ) 안의 단어 중 옳은 것을 골라 보세요.

01. Taking a nap (is / are) good for you.   낮잠을 자는 것은 너에게 좋아.

02. Listening to music (was / were) my hobby.
음악을 듣는 것은 내 취미였어.

03. (Studying / Study) English is important.   영어를 공부하는 것은 중요해.

04. Dropping her from my back (was / were) a mistake.
내 등에서 그녀를 떨어뜨린 것은 실수였어.

05. Exercising regularly (keep / keeps) me healthy.
규칙적으로 운동하는 것은 나를 계속 건강하게 해.

06. Flying to New York from Seoul (take / takes) a long time.
서울에서 뉴욕으로 비행기를 타고 가는 것은 오래 걸려.

07. Making fun of your friends (is / are) wrong.
너의 친구를 놀리는 건 나빠.

08. (Know / Knowing) your faults is important.   너의 잘못을 아는 것이 중요해.

09. Drawing lots (make / makes) me nervous.   제비뽑기는 나를 긴장하게 해.

10. Studying math (are / is) difficult.   수학을 공부하는 것은 어려워.

11. Using chopsticks (wasn't / weren't) easy.   젓가락을 사용하는 것은 쉽지 않았어.

12. (Changing / Change) seats is exciting.   자리를 바꾸는 것은 신나.

Let's Practice More!

학습목표 2 | 동명사의 쓰임을 익혀 보아요.　　　　　🔊 공부한 날 :　　　📋 맞은 개수 :　　/14개

 다음 밑줄 친 부분의 해석으로 옳은 것을 고르세요.

01. I like changing seats. (바꾸는 것을 / 바꾸는 것은)

02. My wish is sitting next to Sihu. (앉는 것은 / 앉는 것)

03. I'm good at drawing lots. (제비뽑기를 / 제비뽑기는)

04. I always enjoy challenging. (도전하는 것을 / 도전하는 것은)

05. Do you like seeing a movie? (보는 것을 / 보는 것은)

06. What I want to do now is taking a break. (쉬는 것은 / 쉬는 것)

07. I like travelling! (여행하는 것은 / 여행하는 것을)

08. I hate giving her a ride on my back. (태우는 것을 / 태우는 것은)

09. The baby didn't stop crying. (우는 것을 / 우는 것은)

10. Dropping her from my back is a mistake. (떨어뜨린 것은 / 떨어뜨린 것을)

11. Flying to New York from Seoul is expensive. (비행하는 것은 / 비행하는 것을)

12. She loves playing with her puppy. (노는 것은 / 노는 것을)

13. Knowing your faults is important. (아는 것을 / 아는 것은)

14. Laughing is my favorite thing to do. (웃는 것은 / 웃는 것을)

Let's Practice More!

학습목표 3 | 전치사 뒤에 올 수 있는 동명사의 쓰임을 연습해 보아요.   🕐 공부한 날 :   ✅ 맞은 개수 :   /14개

( ) 안의 단어를 알맞은 형태로 바꿔서 빈칸에 쓰세요.

01. Thank you for _____understanding_____ me. (understand)
나를 이해해줘서 (당신께) 고마워요.

02. She is good at _____ hide-and-seek. (play)
그녀는 숨바꼭질 놀이를 잘 해.

03. He is not good at _____ friends. (make)
그는 친구 만드는 걸 잘 못해.

04. I am good at _____ high. (jump)
나는 높이 뛰는 것을 잘해.

05. How about _____ dinner together? (have)
저녁을 함께 먹는 것은 어때?

06. I feel bad about _____ her. (tease)
나는 그녀를 놀린 게 후회가 돼.

07. I'm good at _____ lots. (draw)
나는 제비뽑기를 잘해.

08. I am tired of _____ games. (play)
나는 게임하는 게 싫증나.

09. You can stop the game by _____ this button. (press)
너는 이 버튼을 누르면 게임을 멈출 수 있어.

10. You can't say her name without _____. (laugh)
너는 웃지 않고 그녀의 이름을 말할 수 없어.

11. She is not good at _____ a horse. (ride)
그녀는 말을 타는 것에 능숙하지 않아.

12. I am worried about _____ a low grade. (get)
나는 낮은 점수를 받을까봐 걱정돼.

13. Thank you for _____ me up. (cheer)
기운 나게 해줘서 고마워.

14. I'm sorry about _____ you. (tease)
너를 놀려서 미안해.

학습목표 4 | 동명사를 이용해 다양한 문장을 완성해 보아요. 📅 공부한 날 : 📝 맞은 개수 : /20개

 ( ) 안의 단어를 동명사 형태로 바꿔서 빈칸에 쓰세요.

01.

My hobby is ___swimming___ .
(swim)
내 취미는 수영하는 거야.

02.

Stop _____
with your brother! (fight)
네 형과 싸우는 것을 멈춰!

03. I don't feel like _____ to a movie. (go) 나는 영화를 보러가고 싶지 않아.

04. They keep _____. (walk) 그들은 계속해서 걸어.

05. She finished _____ the dishes. (wash) 그녀는 설거지하는 것을 끝냈어.

06. They went _____ on Saturday. (fish)
그들은 토요일에 낚시하러 갔어.

07. To keep your balance, you must keep _____. (move)
균형을 유지하기 위해서, 너는 계속 움직여야 해.

08. They went _____ last Sunday. (shop) 그들은 지난 일요일에 쇼핑하러 갔어.

09. I prefer cooking to _____. (study) 나는 공부하는 것보다 요리하는 것을 더 좋아해.

10. My wish is _____ next to Sihu. (sit) 내 희망사항은 시후 옆에 앉는 거야.

11.

_____ fun of your friends is wrong. (make)

너의 친구를 놀리는 건 나빠.

12.

I don't like _____ vegetables. (eat)

나는 채소 먹는 것을 좋아하지 않아.

13. _____ math is difficult. (study) 수학을 공부하는 것은 어려워.

14. You can't say her name without _____. (laugh)

너는 웃지 않고는 그녀의 이름을 말할 수 없어.

15. I finished _____ the book. (read) 나는 그 책을 다 읽었어.

16. I feel bad about _____ her. (tease) 나는 그녀를 놀린 게 후회가 돼.

17. I like _____! (travel) 나는 여행하는 것을 좋아해!

18. I like _____ seats. (change) 나는 자리 바꾸는 걸 좋아해.

19. He gave up _____ the problem. (solve)

그는 그 문제를 푸는 것을 포기했어.

20. I don't like _____ my room. (clean) 나는 내 방 청소하는 것을 안 좋아해.

학습목표 4 | 동명사를 이용해 다양한 문장을 완성해 보아요.   ⏰ 공부한 날 :   ✅ 맞은 개수 :   /20개

 다음 문장을 읽고 ( ) 안에서 적절한 것을 고르세요.

01. How (about having / about have) dinner together?

저녁을 함께 먹는 것은 어떠니?

02. He (likes playing / likes play) baseball.

그는 야구하는 것을 좋아해.

03. They (enjoy sunbathe / enjoy sunbathing).

그들은 일광욕하는 것을 즐겨.

04. (Changing seats / Changed seats) is exciting.

자리를 바꾸는 것은 신나.

05. She finished (the dishes washing / washing the dishes).

그녀는 설거지하는 것을 끝냈어.

06. I always (challenging enjoy / enjoy challenging).

나는 항상 도전하는 걸 즐겨.

07. (Trying hard / Hard tried) is more important than doing well.

잘하는 것보다 열심히 하는 게 더 중요해.

08. Mom (prefers trying / prefers try) hard to doing well.

엄마는 잘하는 것보다 열심히 하는 것을 더 좋아하셔.

09. My hobby (is swam / is swimming).

내 취미는 수영하는 거야.

10. I am tired (playing of / **of playing**) this game.

나는 이 게임하는 게 싫증나.

11. You can stop the game by (**pressing this button** / this button pressing).

너는 이 버튼을 누르면 게임을 멈출 수 있어.

12. Do you (like see / **like seeing**) a movie?

너는 영화 보는 것을 좋아하니?

13. I am good (**at jumping** / jumping at) high.

나는 높이 뛰는 것을 잘해.

14. I'm sorry (teasing about / **about teasing**) you.

너를 놀려서 미안해.

15. I am poor (speaking at / **at speaking**) English.

나는 영어로 말하는 것을 잘 못해.

16. She (**loves playing** / loves play) with her puppy.

그녀는 그녀의 강아지와 노는 것을 아주 좋아해.

17. Stop (**fighting with** / fight with) your brother!

네 형과 싸우는 것을 멈춰! (네 형과 그만 싸워!)

18. He is not good at (**making friends** / to make friends).

그는 친구 만드는 걸 잘 못해.

19. I (enjoyed talk / **enjoyed talking**) to you.

저는 당신과 이야기하는 것을 즐겼습니다. (대화 즐거웠습니다.)

20. They (**keep walking** / keep walk).

그들은 계속해서 걸어.

Chapter

03 to부정사 · 동명사를 목적어로 하는 동사

이 챕터에서는 문장 내에서 to부정사와 동명사를 목적어로 사용하는
다양한 동사들의 의미와 용법에 대해 배워 보아요.

☆ 학습 방향 및 배울 내용 미리보기 ☆

☐ **Unit 01 : I want to play** Pokémon GO.
to부정사가 오는 동사의 활용(1)
to부정사의 의미와 to부정사만을 목적어로 사용하는 동사들에 대해 알아 보아요.

☐ **Unit 02 : I forgot to do** my math homework.
to부정사가 오는 동사의 활용(2)
to부정사와 동명사를 둘 다 목적어로 사용하는 동사들과 그 의미에 대해 알아 보아요.

☐ **Unit 03 : I enjoy watching** TV.
동명사가 오는 동사의 활용(1)
동명사의 의미와 동명사만을 목적어로 사용하는 동사들에 대해 알아 보아요.

☐ **Unit 04 : Mom and I will go shopping.**
동명사가 오는 동사의 활용(2)
동명사를 목적어로 사용하는 유용한 표현들에 대해 알아 보아요.

🔍 단어 미리보기

이 챕터에 나올 단어들 중 이미 알고 있는 단어가 있나요?
맞는 뜻을 골라 체크해 봐요.

📅 날짜 :　　　　👤 이름 :　　　　🗓 알고 있는 단어의 수 :　　/24개

No.	아는 단어	단어	품사	알맞은 뜻에 체크 표시해 봐요.			
1	✔	plan	동사	계획하다	✔	기대하다	☐
2	☐	promise	동사	원하다	☐	약속하다	☐
3	☐	learn	동사	배우다	☐	가르치다	☐
4	☐	refuse	동사	받아들이다	☐	거절하다	☐
5	☐	problem	명사	문제	☐	풀이	☐
6	☐	bark	동사	짖다	☐	굽다	☐
7	☐	open	동사	닫다	☐	열다	☐
8	☐	by	전치사	~로부터	☐	~까지	☐
9	☐	practice	동사	연습하다	☐	보호하다	☐
10	☐	soap	명사	비누	☐	방울	☐
11	☐	blow	동사	불다	☐	감다	☐
12	☐	bubble	명사	거품	☐	목욕	☐
13	☐	mind	동사	꺼려하다	☐	좋아하다	☐
14	☐	give up	동사	붙잡다	☐	포기하다	☐
15	☐	walk	명사	조깅	☐	산책	☐
16	☐	pillow	명사	베개	☐	싸움	☐
17	☐	race	명사	시합	☐	쌀	☐
18	☐	back	부사	이미	☐	다시	☐
19	☐	window	명사	바람	☐	창문	☐
20	☐	top	명사	최저	☐	최고	☐
21	☐	way	명사	길	☐	바람	☐
22	☐	deeply	부사	낮게	☐	깊게	☐
23	☐	forward	부사	앞으로	☐	뒤로	☐
24	☐	other	형용사	다른	☐	같은	☐

UNIT 01 I want to play Pokémon GO.

to부정사만을 목적어로 사용하는 동사

동사 + ~~to부정사~~ : '~하는 것을 동사하다'

희망, 계획을 나타내는 동사	want 원하다	wish 바라다	expect 기대하다
	hope 희망하다	plan 계획하다	would like ~하고 싶다

의도를 나타내는 동사	decide 결정하다	need 필요로 하다	choose 선택하다
	agree 동의하다	promise 약속하다	refuse 거절하다
	pretend ~한 척하다	fail 실패하다	learn 배우다

I **want** **to play** Pokémon GO.

나는 포켓몬고를 하고 싶어요.

I **plan** **to play** soccer after school.

나는 방과 후에 축구 할 계획이야.

Check and Write

다음 보기 에서 알맞은 단어를 골라 빈칸에 쓰세요.

| 보기 | need | learns | failed | chose |

1. I [need] to take a break.
   나는 휴식하는 것이 필요해.

2. He [   ] to solve the problem.
   그는 그 문제를 푸는 것에 실패했어.

3. He [   ] to cook.
   그는 요리하는 것을 배워.

4. She [   ] to take a taxi.
   그녀는 택시를 타는 것을 선택했어.

UNIT 02 I forgot to do my math homework.

❖ POiNT 1 ❖

to부정사와 동명사를 둘 다 목적어로 사용하며 뜻이 같은 동사

동사 + (to부정사 / 동명사) : '~하는 것을 동사하다' ⇨ 문장의 의미는 같아요!

like	좋아하다
start	시작하다
love	사랑하다
begin	시작하다
hate	싫어하다

Mina **likes playing** the piano.
= Mina **likes to play** the piano.
미나는 피아노를 치는 것을 좋아해.

It **starts raining**.
= It **starts to rain**.
비가 내리기 시작해.

❖ POiNT 2 ❖

to부정사와 동명사를 둘 다 목적어로 쓰지만 뜻이 달라지는 동사

try + to V ~하려고 노력하다	Mina **tried to make** pancakes. 미나는 팬케이크를 만들려고 노력했다.
try + -ing (시험 삼아) 한번 ~해 보다	Mina **tried making** pancakes. 미나는 (시험 삼아) 한번 팬케이크를 만들어 봤다.
remember + to V (미래에) ~할 것을 기억하다	I **remember to meet** her tomorrow. 나는 내일 그녀를 만날 것을 기억하고 있다. (내일 만난다.)
remember + -ing (과거에) ~한 것을 기억하다	I **remember meeting** her yesterday. 나는 어제 그녀를 만났던 것을 기억한다. (어제 만났다.)
forget + to V (미래에) ~할 것을 잊다	I **forgot to do** my math homework. 나는 수학 숙제 하는 걸 깜빡했어. (숙제를 안 했다.)
forget + -ing (과거에) ~한 것을 잊다	I **forgot doing** my math homework. 나는 수학 숙제 했던 걸 깜빡했어. (숙제를 했다.)

Check and Write

우리말 뜻을 참고하여 주어진 동사를 to부정사 또는 동명사로 바꾸어 문장을 완성해 보세요.

1. bark

   It starts [to bark] .

   It starts [barking] .

   그것은 짖기 시작해.

2. open

   The thief tries [   ] the door.

   도둑이 그 문을 열려고 노력해.

3. blow

   She tried [   ] soap bubbles.

   그녀는 비눗방울을 한번 불어 봤어.

4. say

   I forgot [   ] something.

   나는 무언가 말할 것을 잊어버렸어.

Practice 1 to부정사를 목적어로 사용하는 동사의 쓰임을 익혀 보아요.

다음 문장에 알맞은 표현을 보기 에서 골라 빈칸에 써 보세요.

Ⓐ **Pokémon dolls!**

보기	to collect	would like	not to buy	agreed
	needed	expect	to show	to give

1. I planned ___to___ ___collect___ 50 Pokémon dolls.
   나는 포켓몬 인형 50개를 모으기로 계획했어.

2. My parents _____ to let me collect them.
   부모님은 내가 그것들을 모으도록 허락하는 것에 동의하셨어.

3. I _____ to save some money.
   나는 돈을 조금 모아야 했어.

4. I decided _____ _____ _____ snacks.
   나는 간식을 사지 않기로 결심했어.

5. I _____ to make it by the end of the year.
   나는 올해 말까지 그것을 해낼 거라고 기대해.

6. I want _____ _____ you something.
   나 너에게 뭔가를 보여주고 싶어.

7. Wow! Is that a Pokémon doll?
   I _____ _____ to get one, too.
   와! 그거 포켓몬 인형이야? 나도 그것을 갖고 싶어.

8. I promise _____ _____ you one.
   내가 너에게 하나를 준다고 약속할게.

B Boni Hani

1. I need _____ _____ my homework by 6 p.m.
   나는 오후 6시까지 숙제를 끝내야 해.

2. I want _____ _____ "Boni Hani." 나는 '보니하니'를 보고 싶어.

3. I _____ to watch "Boni Hani." 나는 '보니하니' 보는 걸 좋아해.

4. But Hani decided _____ _____ the program.
   그런데 하니는 그 프로그램을 떠나기로 결정했어.

5. The program _____ to look for a new Hani.
   그 프로그램은 새로운 하니를 찾기 시작했어.

6. Mina always _____ to be Hani.
   미나는 항상 하니가 되고 싶어 했어.

7. She may like _____ _____ about this.
   그녀는 이걸 듣고 좋아할지도 몰라.

C A popular daughter?

1. I always wanted _____ _____ Hani!
   나는 항상 하니가 되고 싶었어!

2. I decided _____ _____ to an audition.
   나는 오디션에 가기로 결정했어.

3. But my parents tried _____ _____ me.
   하지만 우리 부모님은 나를 말리려고 노력하셨어.

4. I needed _____ _____ secretly. 나는 몰래 연습해야 했어.

Practice 2 to부정사 또는 동명사가 쓰인 문장을 완성해 보아요.

다음 우리말 뜻과 같도록 주어진 표현을 순서에 맞게 배열하여 문장을 완성하세요.

1. Mom, (I, to play outside, want). 엄마, 나 밖에서 놀고 싶어요.

→ Mom, <u>I want to play</u>
<u>outside</u>   .

2. (was starting, The moon, to rise). 달이 떠오르기 시작하고 있었다.

→ _____

_____ .

3. (to be home, I promise, before sunset).
나는 해가 지기 전에 집으로 돌아온다고 약속해요.

→ _____ .

4. (the sun, start going down, When does)? 해는 언제 지기 시작해요?

→ _____ ?

5. (began, My phone, to ring). 내 전화가 울리기 시작했어.

→ _____ .

6. But (I, to go home, didn't want). 하지만 나는 집에 가고 싶지 않았어.

→ But _____ .

7. (decided, Mom, to lock the door).
엄마는 문을 잠그기로 결정하셨어.

→ _____ .

8. (failed, I, to enter the house). 나는 집에 들어가는 데 실패했어.

➔ _____ .

9. (decided, Mom, to scold me).   **10.** (chose, She, to leave early).

엄마는 나를 혼내기로 결심하셨어.   그녀는 일찍 떠나는 것을 선택했어.

➔ _____   ➔ _____

_____ .   _____ .

11. (to talk to her, plan, I) tomorrow. 나는 내일 그녀에게 이야기할 계획이야.

➔ _____ tomorrow.

12. Sometimes (need, we, to lie) for the right reasons.

가끔씩 우리는 올바른 이유들로 거짓말을 할 필요가 있다.

➔ Sometimes _____ for the right reasons.

13. (must learn, You, to choose) between right and wrong.

너는 옳은 것과 옳지 않은 것 사이에서 선택하는 것을 배워야 해.

➔ _____ between right and wrong.

14. (hates, He, eating carrots). 그는 당근을 먹는 것을 싫어해.

➔ _____ .

15. (to run, started, He). 그는 달리기 시작했어.

➔ _____ .

16. (to sing a song, decided, They).

그들은 노래를 부르기로 결정했어.

➡ _____

_____ .

17. (to dance, They, begin).

그들은 춤추기 시작해.

➡ _____

_____ .

18. (in New York, We expect, to stay). 우리는 뉴욕에 머무르기를 기대해.

➡ _____

19. (to become, Try, a man of value). 가치 있는 사람이 되려고 노력하라.

➡ _____

20. (He, learning French, likes).

그는 프랑스어 공부하는 것을 좋아해.

➡ _____ .

얼굴에 케이크 묻히기 - 루킹 래징(Rooking Razzing)

생일을 맞은 친구에게 장난삼아 케이크를 묻혀 본 적 있나요?
심하게 장난을 치면 절대 안 되지만 얼굴에 가볍게 케이크를 묻히며
장난치는 건 생일 파티의 재미를 더해 주죠?
그런데 이렇게 얼굴에 케이크를 묻히는 게 서양의 오래된 풍습 중의
하나래요! 이 풍습은 '루킹 래징(Rooking Razzing)'이라고 불리는데
신체에 피해가 가지 않는 한에서 케이크를 이용해 장난을 치면서
서로의 애정을 확인하는 의미에서 시작되었다고 해요.
하지만 친구가 기분이 나쁘거나 다칠 수 있으니까 너무 심하게 장난을
치면 안 되겠죠?

Practice 3　to부정사 또는 동명사를 써서 문장을 완성해 보아요.

우리말 뜻을 참고하여 (　) 안에서 알맞은 표현에 동그라미 하세요.

1.

I love (to read / read) a book.

나는 책 읽는 걸 아주 좋아해.

2.

We plan (to go fishing / go fishing).

우리는 낚시하러 갈 계획이야.

3.　I wanted (to forgive / forgiving) them.

나는 그들을 용서하길 원했어.

4.　Mom refused (forgive / to forgive) me.

엄마는 나를 용서해 주기를 거절했어.

5.　I don't want (complaining / to complain).

나는 불평하고 싶지 않아.

6.　I would like (being alone / to be alone)!

나는 혼자 있고 싶어!

7.　She decided (to be / being) a figure skater.

그녀는 피겨스케이터가 되기로 결심했다.

8.　I hate (to tell / tell) you this.

나는 너에게 이것을 말하기 싫어.

9. The baby begins (to walk / walk)!

아기가 걷기 시작해!

10.

I try (think / to think) about nice things.

나는 좋은 것들에 대해 생각하려고 노력해.

11.

He decided (to save / saving) money.

그는 돈을 모으기로 결심했다.

12. She began (to avoid / avoid) Junwoo.

그녀는 준우를 피하기 시작했다.

13. Mom agreed (to eat out / eating out).

엄마는 외식하는 것에 동의하셨다.

14. Nayeon planned (to study / studying) for the final exam.

나연이는 기말 시험을 위해 공부하기로 계획했다.

15. Nayeon expected (be / to be) the top student.

나연이는 최우등생이 될 거라고 기대했다.

16. She failed (wake up / to wake up) early.

그녀는 일찍 일어나는 것에 실패했어.

17.

I choose (to eat / eating)
hamburger.

나는 햄버거 먹기를 선택해.

18.

I need (wash / to wash)
my hands.

나는 손을 씻을 필요가 있어.

19.

Don't forget (to bring / bringing)
your textbook tomorrow.

내일 교과서 가져오는 것을 잊지 마.

20.

Don't forget (to brush / brushing)
your teeth after dinner.

저녁식사 후에 양치하는 것 잊지 마.

Cultural Tips

재미로 익히는
문화상식

생일 케이크의 촛불은 언제부터 불게 되었을까요?

누군가의 생일이 되면 케이크에 그 사람의 나이만큼 초를 꽂고,
촛불을 불어 소원을 빌죠?
그런데 언제부터 생일 케이크의 촛불을 불기 시작했을까요?
이건 바로 독일의 옛날 풍습과 관련 있답니다.
시간을 거슬러 올라가 중세시대 독일에서는 '킨테 페스테' 라는
어린이를 위한 생일 축하 행사가 있었어요.
생일날 아침, 촛불로 장식된 케이크를 아이의 앞에 놓고, 저녁식사 때
온 가족이 케이크를 먹을 때까지 계속 켜 놓았어요. 특이한 점은
생일을 맞은 아이의 나이보다 초를 한 개 더 놓았는데 이것은 다음 한 해도 건강하길 바라는 소망을 나타낸 거예요.
촛불을 한 번에 끄고, 초를 불며 빈 소원을 말하지 않는 것도 바로 여기서 유래된 거랍니다!
독일의 오래된 전통이 한국에도 전해져 왔다는 게 참 신기하죠?

Let's Practice More!

학습목표 1 | to부정사를 목적어로 쓰는 동사를 알아 보아요.   📅 공부한 날 :   ✍ 맞은 개수 :   /12개

🦉 다음 동사가 to부정사를 목적어로 사용하는 동사면 ○표, 아니면 ×표 하세요.

01. want
원하다
➜ _____○_____

02. wish
바라다
➜ _____

03. enjoy
즐기다
➜ _____

04. expect
기대하다
➜ _____

05. promise
약속하다
➜ _____

06. avoid
피하다
➜ _____

07. plan
계획하다
➜ _____

08. would like
~하고 싶다
➜ _____

09. keep
~을 계속하다
➜ _____

10. decide
결정하다
➜ _____

11. need
필요로 하다
➜ _____

12. choose
선택하다
➜ _____

Let's Practice More!

학습목표 1 | to부정사를 목적어로 쓰는 동사를 알아 보아요.　　📅 공부한 날 :　　✏️ 맞은 개수 :　/14개

 다음 동사가 to부정사를 목적어로 사용하는 동사면 ○표, 아니면 ×표 하세요.

01. pretend
~인 척하다　→ ＿＿＿○＿＿＿

02. love
사랑하다　→ ＿＿＿＿＿＿＿

03. finish
끝내다　→ ＿＿＿＿＿＿＿

04. hope
희망하다　→ ＿＿＿＿＿＿＿

05. mind
언짢아하다　→ ＿＿＿＿＿＿＿

06. stop
멈추다　→ ＿＿＿＿＿＿＿

07. agree
동의하다　→ ＿＿＿＿＿＿＿

08. give up
포기하다　→ ＿＿＿＿＿＿＿

09. learn
배우다　→ ＿＿＿＿＿＿＿

10. begin
시작하다　→ ＿＿＿＿＿＿＿

11. practice
연습하다　→ ＿＿＿＿＿＿＿

12. fail
실패하다　→ ＿＿＿＿＿＿＿

13. hate
싫어하다　→ ＿＿＿＿＿＿＿

14. refuse
거절하다　→ ＿＿＿＿＿＿＿

학습목표 2 | to부정사와 동명사를 둘 다 목적어로 쓰는 동사 표현을 연습 해 보아요.

공부한 날 :   맞은 개수 :   /14개

다음 우리말 해석에 맞게 (   ) 안에서 적절한 것을 고르세요.

01. I forgot (to do / doing) my homework.
나는 내 숙제를 하는 걸 깜빡했어.

02. I remember (to meet / meeting) her yesterday.
나는 어제 그녀를 만났던 것을 기억한다.

03. Mina tried (to make / making) sandwiches.
미나는 샌드위치를 만들려고 노력했다.

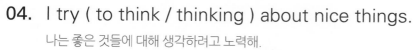

04. I try (to think / thinking) about nice things.
나는 좋은 것들에 대해 생각하려고 노력해.

05. Don't forget (to bring / bring) your textbook.
교과서 가져오는 것을 잊지 마.

06. I remember (to have / having) an audition.
나는 오디션을 봤던 것을 기억해.

07. Don't forget (to brush / brush) your teeth.
양치하는 것 잊지 마.

08. I tried (to save / saving) money.
나는 돈을 모으려고 노력했어.

09. We remember (to stay / staying) in New York.
우리는 뉴욕에 머물렀던 것을 기억해.

10. She tried (to wake up / waking up) early.
그녀는 (시험 삼아) 한번 일찍 일어나려고 해 봤어.

11. Mom forgot (to lock / locking) the door.
엄마는 문을 잠그는 것을 깜빡하셨어.

12. I forgot (to learn / learning) Chinese.
나는 중국어를 배웠던 것을 까먹었어.

13. I tried not (to buy / buying) snacks.
나는 간식을 사지 않으려고 노력했어.

14. We remember (to go / going) fishing.
우리는 낚시하러 갈 것을 기억해.

Let's Practice More!

학습목표 2 | to부정사와 동명사를 둘 다 목적어로 쓰는 동사 표현을 연습 공부한 날 : 맞은 개수 :   /12개
해 보아요.

 다음 밑줄 친 부분에 대한 해석으로 옳은 것을 고르세요.

01. I <u>remember to do</u> my math homework. (할 것을 기억하다 / 했던 것을 기억하다)

02. I <u>tried to collect</u> 50 Pokémon dolls. (모으려고 노력했다 / 한번 모으려고 해 봤다)

03. I <u>forgot to watch</u> "Boni Hani." (봤던 것을 잊었다 / 보는 것을 잊었다)

04. I <u>remember to go</u> home before sunset. (갈 것을 기억해 / 갔던 것을 기억해)

05. I <u>tried to forgive</u> her. (한번 용서하려 해 봤다 / 용서하려 노력했다)

06. I <u>forgot telling</u> you this. (말할 것을 깜빡했다 / 말했던 것을 깜빡했다)

07. I <u>remember meeting</u> her yesterday. (만날 것을 기억한다 / 만났던 것을 기억한다)

08. My parents <u>tried to stop</u> me. (말리려고 노력하셨다 / 말리려고 한번 시도해 보셨다)

09. I <u>forgot to do</u> my math homework. (하는 것을 잊었다 / 했던 것을 잊었다)

10. We <u>remember to go</u> fishing next week. (갔던 것을 기억해 / 갈 것을 기억해)

11. Mina <u>tried making</u> pancakes. (만들려고 노력했다 / 한번 만들어 봤다)

12. I <u>forgot to play</u> soccer after school. (할 것을 깜빡했다 / 했던 것을 깜빡했다)

학습목표 2 | to부정사와 동명사를 둘 다 목적어로 쓰는 동사 표현을 연습
해 보아요. 공부한 날 :   맞은 개수 :   /14개

다음 밑줄 친 부분이 동명사면 to부정사로, to부정사이면 동명사로 바꾸고, 바꿀 수 없으면 ×표 하세요.

01. Mina likes playing the piano. → ___to play___

미나는 피아노를 치는 것을 좋아해.

02. I would like to get it. → _____

나는 그것을 갖고 싶어.

03. I want to play outside. → _____

나 밖에서 놀고 싶어요.

04. She may like hearing about this. → _____

그녀는 이걸 듣고 좋아할지도 몰라.

05. I promise to be home before sunset. → _____

나는 해가 지기 전에 집으로 돌아온다고 약속해요.

06. The moon was starting to rise. → _____

달이 떠오르기 시작하고 있었다.

07. I would like to be alone! → _____

나는 혼자 있고 싶어!

08. Mom decided to lock the door. → _____

엄마는 문을 잠그기로 결정하셨어.

09. I hate telling you this. → _____

나는 너에게 이것을 말하기 싫어.

10. She began to avoid Junwoo. → _____

그녀는 준우를 피하기 시작했다.

11. I failed to enter the house. → _____

나는 집에 들어가는 데 실패했어.

12. She hates eating broccoli. → _____

그녀는 브로콜리를 먹는 것을 싫어해.

13. I plan to talk to her tomorrow. → _____

나는 내일 그녀에게 이야기할 계획이야.

14. He likes learning French. → _____

그는 프랑스어 공부하는 것을 좋아해.

Let's Practice More!

학습목표 2 | to부정사와 동명사를 둘 다 목적어로 쓰는 동사 표현을 연습 해 보아요. 🕐 공부한 날 :   📋 맞은 개수 :   /12개

다음 두 문장의 의미가 같으면 ○표, 틀리면 ×표 하세요.

01. Mina likes playing the piano.
    Mina likes to play the piano.  ➡ _____○_____

02. I like to watch "Boni Hani."
    I like watching "Boni Hani." ➡ _____

03. I remember meeting her.
    I remember to meet her. ➡ _____

04. My phone began to ring.
    My phone began ringing. ➡ _____

05. He hates eating carrots.
    He hates to eat carrots. ➡ _____

06. My parents tried to stop me.
    My parents tried stopping me. ➡ _____

07. He started to run.
    He started running. 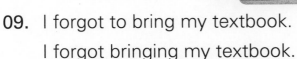 ➡ _____

08. They began to dance.
    They began dancing. ➡ _____

09. I forgot to bring my textbook.
    I forgot bringing my textbook. ➡ _____

10. He likes learning French.
    He likes to learn French. ➡ _____

11. I love to read a book.
    I love reading a book.  ➡ _____

12. I hate to tell you this.
    I hate telling you this.  ➡ _____

CH 03

학습목표 3 | to부정사와 동명사를 목적어로 쓰는 동사를 이용해 다양한 문장을 만들어 보아요.

공부한 날 :

맞은 개수 :   /20개

 밑줄 친 부분이 맞으면 ○표, 틀리면 고쳐 쓰세요.

01.

I want <u>playing</u> video games.

나는 비디오게임을 하고 싶어.

→ _____ to play _____

02.

He hates <u>eating</u> carrots.

그는 당근을 먹는 것을 싫어해.

→ _____

03. I want <u>to go</u> outside.

나는 밖에 나가고 싶어.

→ _____

04. I promise <u>being</u> home before sunset.

나는 해가 지기 전에 집으로 돌아온다고 약속해요.

→ _____

05. My phone began <u>to ring</u>.

내 전화가 울리기 시작했어.

→ _____

06. Mom decided <u>locking</u> the door.

엄마는 문을 잠그기로 결정하셨어.

→ _____

07. I failed <u>entering</u> the house.

나는 집에 들어가는 데 실패했어.

→ _____

08. It begins <u>raining</u>.

비가 내리기 시작해.

→ _____

09. I plan <u>to talk</u> to her tomorrow.

나는 내일 그녀에게 이야기할 계획이야.

→ _____

10. I expect <u>making</u> it by the end of the year. ➔ _____

나는 올해 말까지 그것을 해낼 거라고 기대해.

11.

He started <u>to run</u>.

그는 달리기 시작했어.

➔ _____

12.

I need <u>washing</u> my hands.

나는 손을 씻을 필요가 있어.

➔ _____

13. Mom agreed <u>to eat</u> out. ➔ _____

엄마는 외식하는 것에 동의하셨다.

14. They begin <u>dancing</u>. ➔ _____

그들은 춤추기 시작해.

15. She decided <u>saving</u> money.  ➔ _____

그녀는 돈을 모으기로 결심했다.

16. He likes <u>learning</u> French. ➔ _____

그는 프랑스어 공부하는 것을 좋아해.

17. I need <u>finishing</u> my homework by 6 p.m. ➔ _____

나는 오후 6시까지 숙제를 끝내야 해.

18. I choose <u>eating</u> hamburger.  ➔ _____

나는 햄버거 먹기를 선택해.

19. I love <u>reading</u> a book. ➔ _____

나는 책 읽는 걸 아주 좋아해.

20. She failed <u>waking up</u> early. ➔ _____

그녀는 일찍 일어나는 것에 실패했어.

학습목표 3 | to부정사와 동명사를 목적어로 쓰는 동사를 이용해 다양한 문장을 만들어 보아요.

공부한 날 :

맞은 개수 :   /20개

 우리말 뜻과 같도록 ( ) 안의 단어를 활용해 빈칸을 알맞게 채우세요.

01.

Mina tried <u>making</u> pancakes. (make)

미나는 팬케익을 한번 만들어 봤다.

02.

Don't forget _____ your teeth. (brush)

양치하는 것을 잊지 마.

03. We remember _____ fishing. (go)

우리는 낚시하러 갈 것을 기억해.

04. I forgot _____ my math homework. (do)

나는 수학 숙제 하는 걸 깜빡했어.

05. Try _____ a man of value. (become)

가치 있는 사람이 되려고 노력하라.

06. I remember _____ to an audition. (go)

나는 오디션에 갔던 것을 기억해.

07. I try _____ about nice things. (think)

나는 좋은 것들에 대해 생각하려고 노력해.

08. I forgot _____ my textbook. (bring)

나는 교과서 가져오는 것을 잊었다.

09. I tried _____ money. (save)

나는 돈을 모으려고 노력했어.

10. I forgot _____ my homework by 6 p.m. (finish)

나는 오후 6시까지 숙제를 끝내야 하는 걸 잊었어.

11.

I remember _____ her. (meet)

나는 그녀를 만났던 것을 기억한다.

12.

I remember _____ hamburger yesterday. (eat)

나는 어제 햄버거 먹었던 것을 기억해.

13. I tried _____ secretly. (practice)

나는 몰래 연습하려고 노력했어.

14. I forgot _____ soccer after school. (play)

나는 방과 후에 축구 할 것을 깜빡했어.

15. Mom forgot _____ the door. (lock)

엄마는 문을 잠그는 것을 깜빡하셨어.

16. I tried _____ the house. (enter)

나는 집에 들어가는 걸 한번 시도해 봤어.

17. I remember _____ to her tomorrow. (talk)

나는 내일 그녀에게 이야기할 것을 기억해.

18. We remember _____ in New York. (stay)

우리는 뉴욕에 머물렀던 것을 기억해.

19. I forgot _____ my hands. (wash)

나는 손을 씻는 것을 깜빡했어.

20. I tried _____ her. (forgive)

나는 그녀를 용서해 주려고 노력했어.

UNIT 03 I enjoy watching TV.

❖ POiNT 1 ❖

I enjoy. 나는 즐긴다.
I watch TV. 나는 TV를 본다.

한 문장 안에서 주어와 동사는 딱 한 번씩만 써야 해요.
하지만 '나는 TV를 보는 것을 즐긴다'처럼 '보다'라는 동사와 '즐기다'라는 동사를 모두 쓰고 싶을 때는 아래와 같이 써요.

I enjoy watching TV. 나는 TV보는 것을 즐겨.

즉, 두 번째로 오는 동사를 to부정사로 만들거나 동명사로 만들어서 첫 번째 동사 뒤에 붙여주고, 해석은 '〜하는 것', '〜하기'로 해석해요!

❖ POiNT 2 ❖

동명사만을 목적어로 사용하는 동사

enjoy	즐기다	finish	끝내다	mind	꺼리다	delay	미루다
give up	포기하다	keep	계속 ~하다	practice	연습하다	avoid	피하다

Sihu keeps studying for the English exam.
시후는 영어 시험을 위해 계속 공부한다.

They finished cleaning the room.
그들은 방 청소하는 것을 끝냈다.

Check and Write

주어진 단어를 적절하게 고쳐 문장을 완성해 보세요.

1. talk

    He avoids [talking] to Mina.

    그는 미나에게 말하는 것을 피해.

2. study

    He gave up [   ].

    그는 공부하는 것을 포기했어.

3. play

    They keep [   ].

    그들은 계속 놀아.

4. have

    They enjoy [   ] a pillow fight. (*pillow: 베개)

    그들은 베개 싸움을 즐겨.

Mom and I will go shopping.

❖ POiNT ❖

동명사를 목적어로 사용하는 유용한 표현들

go + -ing	~하러 가다
look forward to + -ing	~을 기대하다
How[What] about + -ing	~하는 것은 어때?

My mom and I will go shopping.

나의 엄마와 나는 쇼핑하러 갈 거야.

I look forward to meeting you again.

나는 너와 다시 만날 걸 기대해.

How about playing "Yo-kai Watch" together?

같이 '요괴워치'를 하는 게 어때?

Check and Write

다음 빈칸에 들어갈 말로 알맞은 것을 보기에서 고르세요.

보기   putting   forward   about   skiing

1. How about [putting]
    your phone into your bag?
    너의 핸드폰을 가방에 넣는 게 어때?

2. We go [   ].
    우리는 스키 타러 가.

3. I look [   ] to buying a pet.
    나는 애완동물을 사는 것을 기대하고 있어.

4. How [   ] going for a walk?
    산책하러 가는 게 어때요?

Practice 1 동명사의 알맞은 쓰임을 익혀 보아요.

다음 문장에 알맞은 단어를 보기 에서 골라 빈칸에 알맞게 바꿔서 써 보세요. (중복 사용 가능)

A My family

보기 cook take cry walk watch fish bother sleep

1. My older sister spends her free time _____cooking_____.
   우리 언니는 휴식시간을 요리하는 데 보내.

2. My dog never stops _____ me.
   내 강아지는 나를 귀찮게 하는 걸 멈추지 않아.

3. My father enjoys _____ our dog.
   우리 아빠는 개를 산책시키는 것을 즐기셔.

4. My dog likes _____ walks. 내 강아지는 산책하는 걸 좋아해.

5. Hayul keeps _____ all night. 하율이는 밤새 계속 울어.

6. He minds _____ alone. 그는 혼자 자는 걸 꺼려.

7. My grandfather goes _____ every weekend.
   할아버지는 주말마다 낚시를 하러 가셔.

8. My grandma likes _____ TV.
   우리 할머니는 TV보는 것을 좋아하셔.

B An athletic meet! (*athletic meet: 운동회)

보기 run   hate   win   give up

1. I am really looking forward to _____ the race.
   나 달리기 시합을 하는 게 정말 기대돼.

2. Nayeon is good at _____ fast.

나연이는 빨리 달리기를 잘해.

3. But she _____ being nervous.

하지만 그녀는 긴장되는 걸 싫어해.

4. So she _____ running.   그래서 그녀는 달리기를 포기했어.

5. I won the race. _____ is always exciting.

나는 경주에서 이겼어. 이기는 건 항상 신나.

C   **Let's practice saying no!**

보기	buy	go	practice	join	say	shop

1. I went _____ at the supermarket.

나는 슈퍼마켓에 장을 보러 갔다.

2. I remembered not _____ bread.

나는 빵을 안 샀다는 걸 기억했다.

3. I decided _____ back to the supermarket.

나는 슈퍼마켓으로 다시 돌아가기로 결정했다.

4. On the way, I met Sihu and Junwoo.   가는 길에 나는 시후와 준우를 만났다.

They said, "How about _____ us?"

그들은 말했다. "우리와 함께하지 않을래?"

5. I couldn't answer. I was afraid of _____ no.

나는 대답하지 못했다. 나는 아니라고 말하는(거절하는) 것을 두려워했다.

6. I need to practice _____ no.

나는 아니라고 말하는 것을 연습할 필요가 있다.

I will keep _____.

나는 계속 연습할 것이다.

Practice 2 동명사가 쓰인 문장을 완성해 보아요.

우리말 뜻과 같도록 주어진 표현을 순서에 맞게 배열하여 문장을 완성하세요.

1. (enjoys, The cat, sunbathing).
그 고양이는 일광욕하는 것을 즐겨.

➔ The cat enjoys
sunbathing .

2. (stop, Don't, asking questions).
질문하는 것을 멈추지 마.

➔ _____
_____.

3. (keeps, The cat, sleeping) on the street. 그 고양이는 길에서 계속 자.

➔ _____ on the street.

4. A: Where are you going? A: 너 어디가?

B: (go, washing my hands, I). B: 나 손 씻으러 가.

➔ B: _____.

5. (is not used to, She, having breakfast). (*be used to -ing: ~하는 것에 익숙하다)

그녀는 아침을 먹는 것에 익숙하지 않아.

➔ _____.

6. (started, The moon, rising). 달이 뜨기 시작했다.

➔ _____.

7. (good for you, is not, Eating too much fast food).
패스트푸드를 너무 많이 먹는 것은 너에게 좋지 않아.

➔ _____.

8. (went, Mina, shopping)
to buy sneakers.

미나는 운동화를 사기 위해 쇼핑하러 갔다.

➡ _____
to buy sneakers.

9. (remember, I, watching that
movie) last year.

나는 작년에 그 영화를 봤던 것을 기억해.

➡ _____
_____ last year.

10. (smiling, Why do you, keep)? 너 왜 계속 미소 짓니?

➡ _____ ?

11. (stop, smiling, I can't) because of this cartoon.

나는 이 만화 때문에 미소 짓는 것을 멈출 수 없어.

➡ _____ because of this cartoon.

12. (going to, see a doctor, How about)? 병원 가보는 게 어때?

➡ _____ ?

13. (look forward to, going to school, I) on Monday.

나는 월요일에 학교 가는 게 기대돼.

➡ _____ on Monday.

14. (practices, She, introducing herself). 그녀는 자기소개 하는 것을 연습해.

➡ _____ .

15. (happy, Thinking about you, makes me)!

너에 대해 생각하는 것은 날 행복하게 해!

➜ _____

_____!

16. (opening the window, mind, Would you)?

창문 여는 것을 꺼리세요?(창문 열어도 될까요?)

➜ _____

_____?

17. (tried, going under the fence, The dog). (*fence: 울타리)

그 개는 울타리 아래로 가려고 시도했어.

➜ _____.

18. If (keep, you, believing), your dreams will come true.

만약 네가 계속 믿는다면, 너의 꿈은 이루어질 거야.

➜ If _____, your dreams will come true.

19. (trying so hard, to be on top, Stop). 최고가 되려고 너무 애쓰는 건 그만둬.

➜ _____.

20. (have to keep, moving forward, You). (*forward: 앞으로)

너는 계속 앞으로 나아가야만 한다.

➜ _____.

Practice 3 동명사를 써서 문장을 완성해 보아요.

우리말 뜻을 참고하여 주어진 표현을 사용해 문장을 완성하세요.
(주어진 동사를 동명사로 바꿔서 쓰세요.)

CH 03

1. (swim every day)

그녀는 매일 수영하러 가.

➜ She goes <u>swimming</u>
<u>every day</u>.

2. (drive the car)

엄마는 운전하는 것을 꺼리셔.

➜ Mom minds _____

_____.

3. (touch anything dirty) 난 더러운 걸 만지는 걸 싫어해.

➜ I hate _____.

4. (try) 너는 계속 시도해야 해.

➜ You have to keep _____.

5. (meet you again) 나는 너를 다시 만날 것을 기대해.

➜ I look forward to _____.

6. (be late) 늦어서 미안해요.

➜ I am sorry for _____.

7. (play at home) 그들은 집에서 노는 걸 즐겨.

→ They enjoy _____ .

8. (spend time with your family)
가족과 시간을 함께 보내는 건 어때?

→ How about _____

_____ ?

9. (Spend time with my friends)
내 친구들이랑 시간을 보내는 게 더 재밌어요.

→ _____

is more fun.

10. (try to think about other things)
다른 것들에 대해 생각하려고 애쓰는 건 그만둬.

→ Stop _____ .

11. (run until he reached the finish line)
그는 결승선에 도착할 때까지 달리는 것을 포기하지 않았어.

→ He didn't give up _____ .

12. (go to the beach) 나는 해변에 가는 것을 기대하고 있었어.

→ I was looking forward to _____ .

13. (think about it) 그것에 대해 생각하는 걸 포기해.

→ Give up _____ .

14. (go to bed early) 일찍 잠자리에 드는 것은 어때?

→ How about _____?

15. (play) 나연아, 나는 계속 놀고 싶어.

→ Nayeon, I want to keep _____.

16. (do yoga)

나는 요가 하는 데 익숙해.

→ I'm used to

_____.

17. (ski with me)

나랑 같이 스키 타러 갈래?

→ Will you go

_____?

18. (breathe deeply) 엄마와 나는 심호흡하는 것을 연습했어.

→ Mom and I practiced _____.

19. (go to see a movie) 영화를 보러 가는 건 어때?

→ What about _____?

20. (show me the way) 저에게 지하철역으로 가는 길을 알려주시겠어요?

→ Would you mind _____

to the subway station?

Let's Practice More!

학습목표 1 | 동명사를 목적어로 쓰는 동사를 알아 보아요.　　⏰ 공부한 날 :　　📋 맞은 개수 :　　/12개

 다음 주어진 동사가 동명사를 목적어로 사용하는 동사면 ○표, 아니면 ×표 하세요.

01. want
원하다
➡ _____×_____

02. practice
연습하다
➡ _____

03. mind
꺼리다
➡ _____

04. enjoy
즐기다
➡ _____

05. decide
결정하다
➡ _____

06. go
~하러 가다
➡ _____

07. keep
~을 계속 하다
➡ _____

08. remember
기억하다
➡ _____

09. need
필요로 하다
➡ _____

10. give up
포기하다
➡ _____

11. hate
싫어하다
➡ _____

12. look forward to
~을 기대하다
➡ _____

Let's Practice More!

학습목표 1 | 동명사를 목적어로 쓰는 동사를 알아 보아요.

🕘 공부한 날 :   📄 맞은 개수 :   /14개

 다음 주어진 동사가 동명사를 목적어로 사용하는 동사면 ○표, 아니면 ×표 하세요.

01. pretend
~인 척 하다
➡ _____×_____

02. wish
바라다
➡ _____

03. enjoy
즐기다
➡ _____

04. finish
끝내다
➡ _____

05. hope
희망하다
➡ _____

06. delay
미루다
➡ _____

07. promise
약속하다
➡ _____

08. expect
기대하다
➡ _____

09. fail
실패하다
➡ _____

10. start
시작하다
➡ _____

11. plan
계획하다
➡ _____

12. mind
꺼리다
➡ _____

13. avoid
피하다
➡ _____

14. love
사랑하다
➡ _____

학습목표 2 | to부정사와 동명사를 목적어로 쓰는 동사를 익혀 보아요.   공부한 날 :   맞은 개수 :   /14개

 다음 우리말 해석에 맞게 (   ) 안에서 적절한 것을 고르세요.

01. The dog tried (to go / going) under the fence.
그 개는 울타리 아래로 가려고 시도했어.

02. Stop (trying / to try) so hard to be on top.
최고가 되려고 너무 애쓰는 건 그만둬.

03. I'm used to (do / doing) yoga.
나는 요가 하는 데 익숙해.

04. I remembered not (to buy / buying) bread.
나는 빵을 안 샀다는 걸 기억했다.

05. Don't stop (to ask / asking) questions.
질문하는 것을 멈추지 마.

06. She is not used to (having / have) breakfast.
그녀는 아침을 먹는 것에 익숙하지 않아.

07. The moon started (to rise / rise).
달이 뜨기 시작했다.

08. I remember (watching / to watch) that movie last year.
나는 작년에 그 영화를 봤던 것을 기억해.

09. Stop (trying / to try) to think about other things.
다른 것들에 대해 생각하려고 애쓰는 건 그만둬.

10. I can't stop (to smile / smiling) because of this cartoon.
나는 이 만화 때문에 미소 짓는 것을 멈출 수 없어.

11. I forgot (to do / doing) my homework.
나는 내 숙제를 하는 걸 깜빡했어.

12. I tried (meeting / to meet) you again.
나는 너를 다시 만나려고 노력했어.

13. I forgot (to go / going) to the beach.
나는 해변에 갔던 것을 잊었어.

14. She stopped (to go / going) skiing.
그녀는 스키 타러 가기 위해 멈췄다.

 정답과 해설 p.7

학습목표 2 | to부정사와 동명사를 목적어로 쓰는 동사를 익혀 보아요.   🕒 공부한 날 :   ✅ 맞은 개수 :   /12개

 다음 밑줄 친 부분에 대한 해석으로 옳은 것을 고르세요.

01. I remember to do my math homework. (할 것을 기억하다 / 했던 것을 기억하다)

02. Don't stop asking questions. (질문하는 것을 멈추다 / 질문하기 위해 멈추다)

03. Stop trying so hard to be on top. (애쓰기 위해 그만둬 / 애쓰는 것을 그만둬)

04. We forgot to do our homework. (할 것을 깜빡했다 / 했던 것을 깜빡했다)

05. They remembered buying bread. (살 것을 기억했다 / 산 것을 기억했다)

06. I'm used to doing yoga. (하는 데 사용되다 / 하는 데 익숙하다)

07. She is not used to having breakfast. (먹는 것에 익숙하지 않다 / 먹는 것에 사용되지 않다)

08. I remember watching that movie last year. (봤던 것을 기억하다 / 볼 것을 기억하다)

09. I can't stop smiling because of this cartoon.
     (미소 짓는 것을 멈추다 / 미소 짓기 위해 멈추다)

10. Sihu forgot calling me this morning. (전화한 것을 잊었다 / 전화하는 것을 잊었다)

11. She stopped to go skiing. (가기 위해 멈췄다 / 가던 것을 멈췄다)

12. The man stopped talking to the woman. (말하는 것을 멈췄다 / 말하기 위해 멈췄다)

Let's Practice More!

학습목표 2 | to부정사와 동명사를 목적어로 쓰는 동사를 익혀 보아요.   📅 공부한 날 :   ✏️ 맞은 개수 :   /14개

🦉 다음 밑줄 친 부분이 동명사면 to부정사로, to부정사이면 동명사로 바꾸고, 바꿀 수 없으면 ×표 하세요.

01. They finished <u>cleaning</u> the room.   ➡ _____×_____

그들은 방 청소하는 것을 끝냈다.

02. She practices <u>introducing</u> herself.   ➡ _____

그녀는 자기소개 하는 것을 연습해.

03. The moon started <u>rising</u>.   ➡ _____

달이 뜨기 시작했다.

04. You have to keep <u>moving</u> forward.   ➡ _____

너는 계속 앞으로 나아가야만 한다.

05. She loves <u>swimming</u>.   ➡ _____

그녀는 수영하는 것을 아주 좋아해.

06. You have to keep <u>trying</u>.   ➡ _____

너는 계속 시도해야 해.

07. They enjoy <u>having</u> a pillow fight.   ➡ _____

그들은 베개 싸움을 즐겨.

08. How about <u>spending</u> time with your family?   ➡ _____

가족과 함께 시간을 보내는 건 어때?

09. The baby began <u>to cry</u>.   ➡ _____

그 아기가 울기 시작했어.

10. What about <u>going</u> to see a movie?   ➡ _____

영화를 보러 가는 건 어때?

11. I hate <u>touching</u> anything dirty.   ➡ _____

나는 더러운 걸 만지는 걸 싫어해.

12. My dog likes <u>taking</u> walks.   ➡ _____

나의 개는 산책하는 걸 좋아해.

13. My grandmother likes <u>watching</u> TV.   ➡ _____

우리 할머니는 TV보는 것을 좋아하셔.

14. She hates <u>being</u> nervous.   ➡ _____

그녀는 긴장하는 걸 싫어해.

🔍 정답과 해설 p.7

Let's Practice More!

학습목표 2 | to부정사와 동명사를 목적어로 쓰는 동사를 익혀 보아요.   📅 공부한 날 :   📝 맞은 개수 :   /10개

CH 03

다음 두 문장의 의미가 같으면 ○표, 틀리면 ×표 하세요.

01. Don't stop asking questions.
Don't stop to ask questions.   ➡ _____×_____

02. He started to wash his hands.
He started washing his hands.   ➡ _____

03. We hate to eat fast food.
We hate eating fast food.   ➡ _____

04. I remember watching that movie.
I remember to watch that movie.   ➡ _____

05. I can't stop smiling because of this cartoon.
I can't stop to smile because of this cartoon.   ➡ _____

06. They love to go fishing.
They love going fishing.   ➡ _____

07. The dog tried going under the fence.
The dog tried to go under the fence.   ➡ _____

08. She likes playing soccer.
She likes to play soccer.   ➡ _____

09. Stop trying to think about other things.
Stop to try to think about other things.   ➡ _____

10. They try to do yoga.
They try doing yoga.   ➡ _____

Let's Practice More!

학습목표 3 | to부정사와 동명사를 목적어로 쓰는 동사를 이용해 다양한 문장을 만들어 보아요.

🗓 공부한 날 :   📋 맞은 개수 :   /20개

 다음 우리말 뜻을 보고 (   ) 안의 지시대로 주어진 동사를 변형하여 문장을 완성해 보세요.

01.

그녀는 달리기를 포기했어. (동명사)

➡ She gave up <u>running</u>.
(run)

02.

그 고양이는 일광욕하는 것을 즐겨. (동명사)

➡ The cat enjoys _____.
(sunbathe)

03. 나는 슈퍼마켓으로 다시 돌아가기로 결정했다. (to부정사)

➡ I decided _____ back to the supermarket. (go)

04. 나는 아니라고 말하는 것을 연습할 필요가 있다. (동명사)

➡ I need to practice _____ no. (say)

05. 나는 계속 연습할 것이다. (동명사)

➡ I will keep _____. (practice)

06. 나는 해변에 가는 것을 기대하고 있었어. (동명사)

➡ I was looking forward to _____ to the beach. (go)

07. 달이 뜨기 시작했다. (동명사)

➡ The moon started _____. (rise)

08. 다른 것들을 생각하려고 애쓰는 건 그만둬. (to부정사)

➡ Stop trying _____ about other things. (think)

09. 창문 여는 것을 꺼리세요?(창문 열어도 될까요?) (동명사)

➡ Would you mind _____ the window? (open)

10. 그녀는 긴장하는 걸 싫어해. (동명사)

➡ She hates _____ nervous. (be)

11. 나연아, 나는 계속 놀고 싶어. (동명사)

➡ Nayeon, I want to keep _____. (play)

12. 엄마와 나는 심호흡하는 것을 연습했어. (동명사)

➡ Mom and I practiced _____ deeply. (breathe)

13. 그는 결승선에 도착할 때까지 달리는 것을 포기하지 않았어. (동명사)

➡ He didn't give up _____ until he reached the finish line. (run)

14.

우리 아빠는 개를 산책시키는 것을 즐기셔.
(동명사)

➡ My father enjoys _____ our dog. (walk)

15.

우리 할머니는 TV보는 것을 좋아하셔.
(to부정사)

➡ My grandma likes _____ TV. (watch)

16. 그는 혼자 자는 걸 꺼려. (동명사)

➡ He minds _____ alone. (sleep)

17. 최고가 되려고 너무 애쓰는 건 그만둬. (동명사)

➡ Stop _____ so hard to be on top. (try)

18. 하율이는 밤새 계속 울어. (동명사)

➡ Hayul keeps _____ all night. (cry)

19. 미나와 나는 산책하는 걸 좋아해. (to부정사)

➡ Mina and I like _____ walks. (take)

20. 그 고양이는 길에서 계속 자. (동명사)

➡ The cat keeps _____ on the street. (sleep)

학습목표 3 | to부정사와 동명사를 목적어로 쓰는 동사를 이용해 다양한 문장을 만들어 보아요.   🕤 공부한 날 :   ✏️ 맞은 개수 :   /20개

 다음 우리말 해석에 맞게 (   )의 단어를 적절하게 바꾸어 문장을 완성해 보세요.

01.

I __practice__ __playing__ the recorder. (practice, play)

나는 리코더 부는 것을 연습해.

02.

They _____ _____ at home. (enjoy, play)

그들은 집에서 노는 걸 즐겨.

03. I am really _____ _____ _____ _____ the race. (look forward to, run)

나 달리기 시합을 하는 게 정말 기대돼.

04. Nayeon _____ _____ _____ _____ fast. (be good at, run)

나연이는 빨리 달리기를 잘해.

05. Mina _____ _____ last winter. (go, ski)

미나는 지난 겨울에 스키 타러 갔다.

06. How about _____ us? (join)

우리와 함께하지 않을래?

07. I _____ _____ _____ _____ no. (be afraid of, say)

나는 아니라고 말하는(거절하는) 것을 두려워한다.

08. I _____ _____ to the supermarket. (go, shop)

나는 슈퍼마켓에 장을 보러 갔다.

09. Why do you _____ _____? (keep, smile)

너 왜 계속 미소 짓니?

10.

How about _____

to see a doctor? (go)

병원 가보는 게 어때?

11.

Hayul _____ _____

all night. (keep, cry)

하율이는 밤새 계속 울어.

12. If you _____ _____, your dreams will come true. (keep, believe)

만약 네가 계속 믿는다면, 너의 꿈들은 이루어질 거야.

13. Mom _____ _____ the car. (mind, drive)

엄마는 운전하는 것을 꺼리셔.

14. I _____ _____ anything dirty. (hate, touch)

난 더러운 걸 만지는 걸 싫어해.

15. I _____ _____ you this morning. (forget, call)

나는 오늘 아침에 너에게 전화한 것을 잊었어.

16. We want to keep _____. (play)

우리는 계속 놀고 싶어.

17. My dog never _____ _____ me. (stop, bother)

내 강아지는 나를 귀찮게 하는 걸 멈추지 않아.

18. My older sister _____ her free time _____. (spend, cook)

우리 언니는 휴식시간을 요리하는 데 보냈어.

19. My grandfather _____ _____ every weekend. (go, fish)

나의 할아버지는 주말마다 낚시를 하러 가셔.

20. I _____ bread. (remember, buy)

나는 빵을 샀다는 걸 기억했다.

CHAPTER 01 to부정사   CHAPTER 02 동명사   CHAPTER 03 to부정사 · 동명사를 목적어로 하는 동사

● 정답과 해설은 별책 7쪽에서 확인하세요!!

[01~05] 다음 빈칸에 들어갈 말을 [보기]에서 골라 알맞은 형태로 바꿔 쓰세요. (중복 사용 안됨)

[보기] play, open, do, collect, watch

01

I enjoy _____ baseball after school.
나는 방과후에 야구를 하는 것을 즐긴다.

02

He decided _____ his homework first.
그는 숙제를 먼저 하기로 결정했다.

03

She likes _____ a Korean TV show.
그녀는 한국 TV쇼를 보는 것을 좋아한다.

04

My hobby is _____ stamps.
나의 취미는 우표를 모으는 것이다.

05

Would you mind _____ the window?
창문을 좀 열어도 될까요?

[06~07] 다음 취미 활동에 대한 표를 보고 빈칸에 알맞은 말을 써서 문장을 완성하세요.

	Sally	Ken
listen to music	v	
read books	v	v
watch TV		
play soccer		

06

Sally enjoys _____ to music and _____ books.

07

Ken likes to _____ books.

08

다음 밑줄 친 to부정사 중 형용사적 용법이 아닌 것을 고르세요.

① I want something to drink.
② You have a pen to use.
③ I have some questions to ask.
④ We went home to take a rest.

09

다음 밑줄 친 to부정사 중 부사적 용법이 <u>아닌</u> 것을 고르세요.

① You want <u>to spend</u> time with your mom?
② We wore the uniform <u>to look</u> good.
③ She felt sad <u>to leave</u> the school.
④ I am pleased <u>to hear</u> the news.

[10~14] 다음 그림을 보고, 우리말 해석과 같도록 주어진 단어를 알맞은 형태로 바꿔 쓰세요.

10

우리는 꽃을 키우기 시작했다. (grow)

⇨ We started _____ flowers.

11

난 저녁 식사로 태국 음식을 먹기를 선택했다. (eat)

⇨ I chose _____ Thai food for dinner.

12

학생들은 버스로 박물관에 갈 계획을 세웠다. (go)

⇨ Students planned _____ to the museum by bus.

13

그녀는 1등 하기를 희망했다. (win)

⇨ She hoped _____ the first prize.

14

축구하는 것은 무척 재미있다. (play)

⇨ _____ soccer is so fun.

[15~18] 다음 두 문장을 to부정사를 이용하여 한 문장으로 만드세요.

15

I have a dream.
It is to make a beautiful world.

⇨ My dream _____ .

16

I studied hard.
I wanted to pass the exam.

⇨ I studied hard _____ .

17

Tom goes to the library.
Tom wants to borrow some books.

⇨ Tom goes to the library _____

_____ .

18

I bought a dictionary.
I wanted to study Japanese.

⇨ I bought a dictionary _____

_____ .

[19~23] 다음 문장의 밑줄 친 to부정사의 용법을 [보기]에서 골라 쓰세요.

[보기] 명사적, 형용사적, 부사적

19

They don't have a house to live in.

_____

20

I am sorry to hear the bad news.

_____

21

He wants to buy a new watch.

_____

22

It is time to say good-bye.

_____

23

To swim here is dangerous.

_____

24

다음 두 문장의 뜻이 같도록 빈칸에 알맞은 단어를 쓰세요.

Dan loves to play with his dog.
= Dan loves _____ with his dog.

25

다음 문장의 빈칸에 들어갈 단어를 고르세요.

> You _____ sleeping alone.

① hate   ② need
③ hope   ④ wish

[26~28] 다음 밑줄 친 부분의 용법이 [보기]와 같은 것을 고르세요.

26

> [보기] To see dolphins was amazing.

① I'll buy it to make a cake.
② To have friends is important.
③ She went to the store to buy it.
④ I am happy to see you.

27

> [보기] She needs a book to read.

① We need to look at the sky.
② To see is to believe.
③ I want something to eat.
④ They practiced to win the game.

28

> [보기] The problem is to go there.

① She checked it again to make sure.
② We're here to buy some jewelry.
③ My dream is to be a dentist.
④ I have a mirror to give you.

[29~30] 다음 빈칸에 들어갈 수 없는 단어를 고르세요.

29

> I _____ taking a walk.

① finish   ② start
③ hope   ④ enjoy

30

> They _____ to find the treasure.

① expect   ② like
③ decide   ④ mind

Chapter

04 분사

이 챕터에서는 동사를 변형해서 형용사처럼 쓰는 표현인 '현재분사'와 '과거분사'에 대해 배워 보아요.

☆ 학습 방향 및 배울 내용 미리보기 ☆

☐ **Unit 01 : A running man**
현재분사와 과거분사의 특징
현재분사와 과거분사를 만드는 방법과 각각의 의미 및 특징에 대해 알려 줄 게요.

▼

☐ **Unit 02 : The movie was boring.**
불규칙한 과거분사와 감정표현에 쓰이는 분사
과거분사의 형태가 불규칙하게 변화하는 동사들, 그리고 감정표현에 쓰이는 현재분사와 과거분사에 대해 알아보아요.

🔍 단어 미리보기

이 챕터에 나올 단어들 중 이미 알고 있는 단어가 있나요?
맞는 뜻을 골라 체크해 봐요.

📅 날짜 :　　　　　⏳ 이름 :　　　　　📋 알고 있는 단어의 수 :　　　　　/24개

No.	아는 단어	단어	품사	알맞은 뜻에 체크 표시해 봐요.			
1	☑	surprise	동사	화나게 하다	☐	놀라게 하다	☑
2	☐	paint	동사	칠하다	☐	지우다	☐
3	☐	build	동사	짓다	☐	무너뜨리다	☐
4	☐	steal	동사	만들다	☐	훔치다	☐
5	☐	fall	동사	떨어지다	☐	붙이다	☐
6	☐	step	동사	멈추다	☐	밟다	☐
7	☐	kite	명사	연	☐	우표	☐
8	☐	gently	부사	부드럽게	☐	거칠게	☐
9	☐	floor	명사	바닥	☐	천장	☐
10	☐	almost	부사	거의	☐	다시	☐
11	☐	hurt	동사	치료하다	☐	다치게 하다	☐
12	☐	contest	명사	건설	☐	대회	☐
13	☐	daughter	명사	딸	☐	아들	☐
14	☐	close	동사	(눈을) 뜨다	☐	(눈을) 감다	☐
15	☐	cover	동사	덮다	☐	빼다	☐
16	☐	cave	명사	박쥐	☐	동굴	☐
17	☐	watch	명사	벽	☐	시계	☐
18	☐	moss	명사	이끼	☐	벌레	☐
19	☐	gather	동사	모으다	☐	버리다	☐
20	☐	jump rope	명사	고무줄	☐	줄넘기	☐
21	☐	art	명사	미술	☐	역사	☐
22	☐	happen	동사	일어나다	☐	그만두다	☐
23	☐	mountain	명사	강	☐	산	☐
24	☐	bake	동사	굽다	☐	지루하게 하다	☐

UNIT 01 A running man

앞에서 동사를 변형한 to부정사가 명사, 형용사, 부사처럼 쓰이고, 동명사가 명사처럼 쓰이는 걸 배웠죠?
현재분사와 과거분사는 동사를 변형해서 형용사처럼 쓰는 표현을 말해요.

❖ POiNT 1 ❖

현재분사의 특징
동명사를 만드는 것과 똑같이 동사원형에 −ing를 붙여요.
명사 역할을 하는 동명사와는 달리 현재분사는 형용사 역할을 하며 명사의 상태를 나타내요.
'∼하는'이라는 능동의 의미가 있어요.

A running **man**   달리는 남자
run(달리다) **+ -ing** ⇨ running(달리는)

❖ POiNT 2 ❖

과거분사의 특징
대부분 동사원형에 −ed를 붙여요.
현재분사처럼 형용사 역할을 하며 명사의 상태를 설명해요.
'∼하게 된'이라는 수동의 의미가 있어요.

A surprised **man**   놀란 남자
surprise(놀라게 하다) **+ -ed** ⇨ surprised(놀란)

Check and Write

우리말 뜻과 같도록 알맞은 단어를 골라 빈칸을 완성해보세요.

1. walking / walk

   a [walking] girl 걸어가는 소녀

2. exciting / excited

   an [ ] fan 흥분한 팬

3. sleep / sleeping

   a [ ] dog 잠자는 개

4. paint / painted

   a [ ] hand 색칠된 손

5. cry / crying

   a [ ] baby 우는 아기

UNIT 02 The movie was boring.

❖ POiNT 1 ❖

불규칙한 과거분사들

대부분 동사의 과거분사형은 동사원형에 −ed가 붙지만, 불규칙하게 바뀌는 동사들도 있어요!

동사원형	과거분사	동사원형	과거분사
break 깨트리다	**broken** 깨진	**build** 짓다	**built** 지어진
lose 잃어버리다	**lost** 잃어버린	**eat** 먹다	**eaten** 먹힌
find 찾다	**found** 찾아진	**forget** 잊다	**forgotten** 잊혀진
hide 숨기다	**hidden** 숨겨진	**steal** 훔치다	**stolen** 훔쳐진
tell 말하다	**told** 말해진	**speak** 말하다	**spoken** 말해진
make 만들다	**made** 만들어진	**read** 읽다	**read**[red] 읽혀진
put 놓다	**put** 놓여진	**write** 글을 쓰다	**written** 글로 쓰인
spend 쓰다, 보내다	**spent** 쓰인, 보낸	**fall** 떨어지다	**fallen** 떨어진

❖ POiNT 2 ❖

감정표현에 쓰이는 현재분사 / 과거분사

감정을 나타내는 동사가 현재분사로 쓰이면 사물이 일으키는 감정을, 과거분사로 쓰이면 사람이 느끼는 감정을 나타내요. 여기서도 현재분사는 능동, 과거분사는 수동의 의미를 가져요.

동사원형	현재분사	과거분사	동사원형	현재분사	과거분사
bore 지루하게 하다	**boring** 지루한	**bored** 지루해 하는	**excite** 신나게 하다	**exciting** 신나는	**excited** 신이 난
tire 지치게 하다	**tiring** 지치게 하는	**tired** 지친	**surprise** 놀라게 하다	**surprising** 놀라운	**surprised** 놀란
shock 충격을 주다	**shocking** 충격을 주는	**shocked** 충격을 받은	**interest** 흥미롭게 하다	**interesting** 흥미로운	**interested** 흥미를 느끼는

The movie was boring.
그 영화는 지루했어.

He was bored with the movie.
그는 그 영화를 지루해 했어.

Check and Write

다음 빈칸에 들어갈 말로 적절한 것을 보기 에서 골라 문장을 완성해 보세요.

| 보기 | surprised | shocking | excited | surprising |

1. I was [surprised]!
    나는 놀랐어!

2. She heard some [ ] news.
    그녀는 놀라운 뉴스를 들었어.

3. We are [ ].
    우리는 신났어.

4. It was [ ].
    그것은 충격적이었어.

Practice 1 분사의 쓰임을 익혀 보아요.

다음 문장에 알맞은 단어를 보기 에서 골라 빈칸에 써 보세요.

A We're walking in the park!

보기 flying   singing   blowing   walking   fallen

1. Minho and Jina are _____walking_____ in the park.
   민호와 지나는 공원에서 걷고 있어.

2. Jina likes stepping on the _____ leaves.
   지나는 낙엽을 밟는 것을 좋아해.

3. Minho listens to the _____ birds
   in the trees.
   민호는 나무 위에서 노래하는 새들의 소리를 들어.

4. Jina watches the kites _____ in the sky. (*kite: 연)
   지나는 하늘에 날아다니는 연들을 본다.

5. The wind is _____ gently. 바람이 부드럽게 불고 있어.

B A broken toy!

보기 broken   surprised   worried   hurt

1. There is a _____ toy on the floor. 바닥에 부서진 장난감이 있어.

2. Hayul almost got his foot _____.
   하율이는 발을 다칠 뻔했어.

3. Mom was so _____. 엄마는 너무 놀라셨어.

4. I am _____ about him. 나는 그가 걱정스러워.

C Mina has talent!

보기 dancing   exciting   excited   interested   handwritten

1. Do you see the _____ girl over there? She is Mina.
   너 저기에서 춤추고 있는 소녀 보이니? 그녀는 미나야.

2. Mina is _____ in dance. She won first
   prize in the dance contest. (*contest: 대회, 시합)
   미나는 춤에 흥미를 느낀다. 그녀는 춤 경연 대회에서 1등을 했어.

3. It was a very _____ experience for her. (*experience: 경험)
   그것은 그녀에게 매우 신나는 경험이었어.

4. Sihu gave her a _____ letter to celebrate her success.
   시후가 그녀의 성공을 축하하기 위해 손으로 쓴 편지를 그녀에게 줬어. (*success: 성공)

5. Mina is still _____. 미나는 여전히 신이 났어.

D We will become middle school students next year.

보기 called   excited   interesting   interested

1. Junwoo is _____ about trying new things.
   준우는 새로운 것들을 시도해 보는 것에 대해 신이 난다.

2. He is also _____ in making new friends.
   그는 또한 새로운 친구들을 사귀는 것에 관심이 있다.

3. Mom bought him a book _____
   "How to Make Friends in New Places."
   엄마는 그에게 '새로운 곳에서 친구를 사귀는 방법'이라고 불리는 책을 사주셨다.

4. The book was _____. 그 책은 흥미로웠다.

Practice 2 현재분사와 과거분사의 차이점을 익혀 보아요.

우리말 뜻을 참고하여 주어진 동사를 알맞은 분사로 바꾸어 문장을 완성하세요.

1. (sleep) 잠자고 있는 그 개는 매우 귀여워.

   → The ____sleeping____ dog is very cute.

2. (bake) 오늘의 저녁식사는 구운 감자야.

   → Today's dinner is _____ potatoes.

3. (bore) 저 영화는 지루한 게 틀림없어.

   → That movie must be _____.

4. (surprise) 그 소식은 놀라웠어.

   → The news was _____.

5. (lose) 그들은 그들의 잃어버린 딸을 찾는 중이야.

   → They are looking for their _____ daughter.

6. (steal) 준우는 그의 도둑맞은 가방을 찾았어!

   → Junwoo found his _____ bag!

7. (surprise) 미나는 그 소식을 듣고 너무 놀랐어.

   → Mina was very _____ to hear the news.

8. (plan) 이번 주말을 위해 계획된 것이 있니?

   → Do you have anything _____ for this weekend?

9. (listen) 음악을 듣고 있는 그 소녀를 봐.

➡ Look at the girl _____ to music.

10. (close) 나는 내 눈을 감고 있었어.

➡ I kept my eyes _____.

11. (fill) (*cave: 동굴)

우리는 귀신들로 가득한 동굴을 구경하러 갈 거야.

➡ We are going to visit a cave _____ with ghosts.

12. (excite) 그것은 신나는 경험이 될 거야!

➡ It is going to be an _____ experience!

13. (scare) 처음엔 모두가 겁을 먹었어.

➡ Everyone was _____ at first.

14. (worry) 무슨 일 있었어? 나 너를 걱정했어!

➡ What happened? I was _____ about you!

15. (fly) 날고 있는 저 나비들을 봐!

➡ Look at those _____ butterflies!

16. (bore) 그 웹툰은 너무 지루했어.

➡ The webtoon was very _____.

17. (rise)

우리는 떠오르는 태양을 보았어.

→ We watched the

_____ sun.

18. (interest)

태준이는 미술에 흥미를 느낀다.

→ Taejun is _____

in art.

19. (cover) 그 거리는 눈으로 덮여 있었다.

→ The street was _____ with snow.

20. (use) 사람들은 벼룩시장에서 중고품들을 판다. (*flea market: 벼룩시장)

→ People sell _____ things at the flea market.

Cultural Tips

재미로 익히는
문화상식

돼지와 코끼리의 거품, 아니 진흙 목욕!

돼지와 코끼리는 지금 뭘 하고 있는 걸까요?

믿기지는 않겠지만 지금 돼지와 코끼리는 바로 목욕중이랍니다!

돼지는 땀샘이 없어 스스로 체온조절을 하지 못해요. 그래서 진흙을 몸에 바르면서 체온을 낮추는 거예요.

이렇게 하면 진흙 속의 수분이 증발하면서 체온을 2℃ 떨어뜨릴 수 있답니다.

또 코끼리는 강한 햇빛에 몸이 타는 것을 막고, 모기 같은 벌레나 기생충의 공격을 막기 위해 온몸에 진흙을 바른대요.

코끼리 말고도 하마, 코뿔소도 이런 방식으로 목욕을 해요!

겉보기에는 더러워 보이지만 알고 보면 동물들도 각자의 방식으로 목욕을 하는 거랍니다!

🔍 정답과 해설 p.8

Practice 3 분사가 쓰인 문장을 완성해 보아요.

다음 우리말 뜻과 같도록 주어진 표현을 순서에 맞게 배열하여 문장을 완성하세요.

1. (flying butterflies, can see, You). 넌 날아다니는 나비들을 볼 수 있어.

    ⇒ <u>You can see flying</u>
       <u>butterflies</u>.

2. (nothing left, I have).

    나는 남겨진 것이 아무것도 없어.

    ⇒ _____.

3. (is, Siyun, amazing)! (*amazing: 놀라운)

    시윤이는 놀라워!

    ⇒ _____!

4. (We call, a walking dictionary, him). (*dictionary: 사전)

    우리는 그를 걸어 다니는 사전이라고 불러.

    ⇒ _____.

5. (her lost watch, She, found). 그녀는 그녀의 잃어버린 시계를 찾았어.

    ⇒ _____.

6. (those kids, I envy, speaking English so well).

    나는 영어로 말을 아주 잘하는 저 애들이 부러워.

    ⇒ _____.

7. (interesting, Speaking English, is). 영어로 말하는 건 흥미로워.

    ⇒ _____.

8. (covered in chocolate,
a cake, We bought).

우리는 초콜릿으로 덮인 케이크를 샀어.

➡ _____

_____.

9. (covered with snow,
a mountain, There is) (*mountain: 산)

눈 덮인 산이 있어.

➡ _____

_____.

10. (the broken glass, Don't, touch)! 깨진 유리잔을 만지지 마!

➡ _____!

11. (playing jump rope, The children, are excited).

줄넘기를 하는 아이들은 신났어.

➡ _____.

12. But soon, (they, tired, become). 하지만 곧 그들은 피곤해져.

➡ But soon, _____.

13. Now, (another exciting game, they, want to play).

이제, 그들은 또 다른 신나는 게임을 하고 싶어해.

➡ Now, _____.

14. (My dad, his lost wallet, finally found). (*wallet: 지갑)

나의 아빠는 마침내 그의 잃어버린 지갑을 발견하셨다.

➡ _____.

🔍 정답과 해설 p.8

15. (in the book, I put,
a fallen leaf).

나는 떨어진 나뭇잎을 책에 넣었어.

➡ _____

_____.

16. (a book, written in
Chinese, This is).

이것은 중국어로 쓰인 책이야.

➡ _____

_____.

17. (interesting snowmen, The children, made).

어린이들은 흥미로운 눈사람들을 만들었어.

➡ _____.

18. (walking in the rain, some people, There were).

빗속을 걷는 몇몇 사람들이 있었어.

➡ _____.

19. (bought, We, fresh baked bread).

우리는 갓 구워진 빵을 샀어.

➡ _____.

20. (gathers, A rolling stone, no moss). (*gather: 모으다, moss: 이끼)

구르는 돌은 이끼를 모으지 않는다. (구르는 돌에는 이끼가 끼지 않는다.)

➡ _____.

Let's Practice More!

학습목표 1 | 현재분사와 과거분사의 형태를 익혀 보아요.　　공부한 날 :　　맞은 개수 :　　/12개

🦉 다음 단어를 현재분사로 바꿔 보세요.

01. play
놀다

→ _playing_

02. become
~이 되다

→ _____

03. find
찾다, 발견하다

→ _____

04. put
놓다, 넣다

→ _____

05. make
만들다

→ _____

06. walk
걷다

→ _____

07. buy
사다

→ _____

08. gather
모으다

→ _____

09. speak
말하다

→ _____

10. touch
만지다

→ _____

11. scare
겁주다

→ _____

12. watch
보다

→ _____

Let's Practice More!

학습목표 1 | 현재분사와 과거분사의 형태를 익혀 보아요.   공부한 날 :   맞은 개수 :   /14개

 다음 단어를 과거분사로 바꿔 보세요.

01. bake
굽다
→ _____ baked _____

02. bore
지루하게 하다
→ _____

03. surprise
놀라게 하다
→ _____

04. lose
잃어버리다
→ _____

05. steal
훔치다
→ _____

06. plan
계획하다
→ _____

07. keep
유지하다, 계속 ~하다
→ _____

08. fill
채우다
→ _____

09. excite
신나게 하다
→ _____

10. cover
덮다
→ _____

11. interest
흥미를 주다
→ _____

12. use
사용하다
→ _____

13. leave
남기다
→ _____

14. worry
걱정시키다
→ _____

CH 04

Let's Practice More!

학습목표 1 | 현재분사와 과거분사의 형태를 익혀 보아요.   공부한 날 :   맞은 개수 :   /14개

🦉 현재분사는 과거분사로, 과거분사는 현재분사로 고쳐 쓰세요.

01. kept   ➡ _____ keeping _____

02. looking   ➡ _____

03. covering   ➡ _____

04. worried   ➡ _____

05. scaring   ➡ _____

06. surprised   ➡ _____

07. lost   ➡ _____

08. stolen   ➡ _____

09. found   ➡ _____

10. closing   ➡ _____

11. planned   ➡ _____

12. visiting   ➡ _____

13. exciting   ➡ _____

14. bored   ➡ _____

Let's Practice More!

학습목표 1 | 현재분사와 과거분사의 형태를 익혀 보아요. 　📅 공부한 날 :　　　　📸 맞은 개수 :　　/12개

 현재분사는 과거분사로, 과거분사는 현재분사로 고쳐 쓰세요.

01. walked  ➔ *walking*

02. rolled ➔ _____

03. breaking ➔ _____

04. hurting  ➔ _____

05. written ➔ _____

06. interesting ➔ _____

07. put ➔ _____

08. giving ➔ _____

09. trying ➔ _____

10. made ➔ _____

11. listening ➔ _____

12. spoken ➔ _____

Let's Practice More!

학습목표 1 | 현재분사와 과거분사의 형태를 익혀 보아요.   공부한 날 :   맞은 개수 :   /14개

 다음 밑줄 친 단어가 꾸며주는 대상을 찾아 동그라미 하세요.

01. We are going to visit a cave filled with ghosts.
우리는 귀신들로 가득한 동굴을 구경하러 갈 거야.

02. It is going to be an exciting experience!
그것은 신나는 경험이 될 거야!

03. I have nothing left.
나에게는 남겨진 것이 아무것도 없어.

04. Look at those flying butterflies!
날고 있는 저 나비들을 봐!

05. She found her lost watch.
그녀는 그녀의 잃어버린 시계를 찾았어.

06. We watched the rising sun.
우리는 떠오르는 태양을 보았어.

07. There is a mountain covered with snow.
눈 덮인 산이 있어.

08. Don't touch the broken glass!
깨진 유리잔을 만지지 마!

09. We call him a walking dictionary.
우리는 그를 걸어 다니는 사전이라고 불러.

10. I put a fallen leaf in the book.
나는 떨어진 나뭇잎을 책에 넣었어.

11. I envy those kids speaking English so well.
나는 영어로 말을 아주 잘하는 저 애들이 부러워.

12. This is a book written in Chinese.
이것은 중국어로 쓰인 책이야.

13. We bought fresh baked bread.
우리는 갓 구워진 빵을 샀어.

14. They want to play another exciting game.
그들은 또 다른 신나는 게임을 하고 싶어해.

Let's Practice More!

학습목표 2 | 현재분사와 과거분사의 쓰임을 구분해 보아요.   🕐 공부한 날 :   📋 맞은 개수 :   /14개

 우리말 해석을 참고하여 다음 ( ) 안에서 올바른 것을 고르세요.

01. an (exciting / excited) experience
신나는 경험

02. (singing / sung) birds
노래하는 새들

03. a (losing / lost) wallet
잃어버린 지갑

04. (dancing / danced) girls
춤추는 소녀들

05. a (boring / bored) book
지루한 책

06. fresh (baking / baked) bread
갓 구워진 빵

07. a (handwriting / handwritten) letter
손으로 쓴 편지

08. (closing / closed) eyes
감겨진 눈

09. a (walking / walked) dictionary
걸어다니는 사전(박식한 사람)

10. a (stealing / stolen) bag
훔쳐진 가방

11. a (rolling / rolled) stone
구르는 돌

12. a (using / used) car
사용된 차(중고차)

13. (surprising / surprised) news
놀라운 소식

14. a (breaking / broken) window
깨진 창문

Let's Practice More!

학습목표 2 | 현재분사와 과거분사의 쓰임을 구분해 보아요.　　🗓 공부한 날 :　　📋 맞은 개수 :　 /20개

 다음 밑줄 친 부분이 맞으면 ○표, 틀리면 고쳐 써 보세요.

01.

The <u>sleeping</u> dog is very cute.
잠자고 있는 그 개는 매우 귀여워.

➡ _____○_____

02.

I kept my eyes <u>closing</u>.
나는 내 눈을 감고 있었어.

➡ _____

03. That movie must be <u>boring</u>.
저 영화는 지루한 게 틀림없어.

➡ _____

04. The news was <u>surprising</u>.
그 소식은 놀라웠어.

➡ _____

05. They are looking for their <u>losing</u> daughter.
그들은 그들의 잃어버린 딸을 찾는 중이야.

➡ _____

06. There are <u>broken</u> glasses on the floor.
바닥에 깨진 안경이 있어.

➡ _____

07. Junwoo found his <u>stealing</u> bag!
준우는 그의 도둑맞은 가방을 찾았어!

➡ _____

08. Speaking English is <u>interesting</u>.
영어로 말하는 건 재밌어.

➡ _____

09. Today's dinner is <u>baking</u> potatoes.
오늘의 저녁식사는 구운 감자야.

➡ _____

🔍 정답과 해설 p.8

10. Everyone was <u>scaring</u> at first.

처음엔 모두가 겁을 먹었어.

➜ _____

11.

The children <u>played</u> jump rope are excited.

줄넘기를 하는 아이들은 신났어.

➜ _____

12.

They made an <u>interesting</u> snowman.

그들은 흥미로운 눈사람을 만들었어.

➜ _____

13. There were some people <u>walked</u> in the rain.

빗속을 걷는 몇몇 사람들이 있었어.

➜ _____

14. A <u>rolling</u> stone gathers no moss.

구르는 돌에는 이끼가 끼지 않는다.

➜ _____

15. I was <u>worried</u> about you!

나는 너를 걱정했어!

➜ _____

16. Taejun is <u>interesting</u> in art.

태준이는 미술에 흥미를 느낀다.

➜ _____

17. Minho listens to the <u>singing</u> birds in the trees.

민호는 나무 위에서 노래하는 새들의 소리를 들어.

➜ _____

18. People sell <u>using</u> things at the flea market.

사람들은 벼룩시장에서 중고품들을 판다.

➜ _____

19. The wind is <u>blowing</u> gently.

바람이 부드럽게 불고 있어.

➜ _____

20. My dad finally found his <u>losing</u> wallet.

나의 아빠는 마침내 그의 잃어버린 지갑을 발견하셨다.

➜ _____

학습목표 3 | 분사를 이용해 다양한 표현을 만들어 보아요.   공부한 날 :   맞은 개수 :   /20개

 ( ) 안의 단어를 이용해 우리말 해석에 맞게 문장을 완성해 보세요.

01.

바닥에 부서진 장난감이 있어. (break)

➜ There is a ___broken___ toy on the floor.

02.

그 책은 너무 지루했어. (bore)

➜ The book was very _____.

03. 하율이는 발을 다칠 뻔했어. (hurt)

➜ Hayul almost got his foot _____.

04. 엄마는 너무 놀라셨어. (surprise)

➜ Mom was so _____.

05. 너 저기에서 춤추고 있는 소녀 보이니? (dance)

➜ Do you see the _____ girl over there?

06. 민호와 지나는 공원에서 걷고 있어. (walk)

➜ Minho and Jina are _____ in the park.

07. 나는 그가 걱정스러워. (worry)

➜ I am _____ about him.

08. 넌 날아다니는 나비들을 볼 수 있어. (fly)

➜ You can see _____ butterflies.

09. 미나는 춤추는 것에 흥미를 느낀다. (interest)

➜ Mina is _____ in dancing.

10. 시후는 손으로 쓴 편지를 지나에게 줬어. (handwrite)

➜ Sihu gave Jina a _____ letter.

11.

너를 위해 행운을 빌게. (cross)

➜ I will keep my fingers _____ for you.

12.

음악을 듣고 있는 저 소녀를 봐. (listen)

➜ Look at that girl _____ to music.

13. 미나는 신이 났어. (excite)

➜ Mina is _____.

14. 지나는 하늘에 날아다니는 연들을 본다. (fly)

➜ Jina watches the kites _____ in the sky.

15. 그는 새로운 친구들을 사귀는 것에 흥미를 느낀다. (interest)

➜ He is _____ in making new friends.

16. 그것은 매우 신나는 경험이었어. (excite)

➜ It was a very _____ experience.

17. 민호는 나무 위에서 노래하는 새들의 소리를 듣고 있어. (sing)

➜ Minho is listening to the _____ birds in the trees.

18. 미나는 그 소식을 듣고 너무 놀랐어. (surprise)

➜ Mina was very _____ to hear the news.

19. 이번 주말을 위해 계획된 것이 있니? (plan)

➜ Do you have anything _____ for this weekend?

20. 바람이 부드럽게 불고 있어. (blow)

➜ The wind is _____ gently.

Chapter
05
현재완료

이 챕터에서는 과거에 일어난 일이 현재까지 이어지고 있을 때
사용하는 동사의 시제인 '현재완료'에 대해 배워 보아요.

단어 미리보기

이 챕터에 나올 단어들 중 이미 알고 있는 단어가 있나요?
맞는 뜻을 골라 체크해 봐요.

📅 날짜 :   👤 이름 :   📦 알고 있는 단어의 수 :   /24개

No.	아는 단어	단어	품사	알맞은 뜻에 체크 표시해 봐요.			
1	✓	for	전치사	~동안	✓	~로부터	☐
2	☐	ago	부사	전에	☐	후에	☐
3	☐	wait	동사	걷다	☐	기다리다	☐
4	☐	awake	형용사	깨어있는	☐	잠든	☐
5	☐	already	부사	다시	☐	이미	☐
6	☐	use	동사	사용하다	☐	버리다	☐
7	☐	since	전치사	~까지	☐	~이후로	☐
8	☐	all	형용사	모든	☐	약간의	☐
9	☐	decorate	동사	쌓다	☐	장식하다	☐
10	☐	angry	형용사	화난	☐	즐거운	☐
11	☐	drive	동사	다이빙하다	☐	운전하다	☐
12	☐	tooth	명사	이	☐	입술	☐
13	☐	mirror	명사	미로	☐	거울	☐
14	☐	fairy	명사	아기	☐	요정	☐
15	☐	hospital	명사	치과	☐	병원	☐
16	☐	eat	동사	먹다	☐	지우다	☐
17	☐	dinosaur	명사	도롱뇽	☐	공룡	☐
18	☐	yourself	명사	그 자신	☐	너 자신	☐
19	☐	long	형용사	오랜	☐	짧은	☐
20	☐	know	동사	모르다	☐	알다	☐
21	☐	gold medal	명사	동메달	☐	금메달	☐
22	☐	leave	동사	같이 가다	☐	떠나다	☐
23	☐	rain	동사	비가 오다	☐	눈이 오다	☐
24	☐	work	동사	일하다	☐	숙제하다	☐

UNIT 01 I have seen this movie before.

❖ POINT 1 ❖

현재완료 시제는 한국어에서 잘 쓰이지 않기 때문에 낯설게 느껴질 거예요.
간단히 말하면 과거에 일어난 일이 현재까지 이어지고 있을 때 써요.

과거 ——————→ 현재(지금)

과거	Mina **began** to live in France three years ago. 미나는 3년 전에 프랑스에서 살기 시작했어.
+	
현재	Mina **lives** in France now. 미나는 지금 프랑스에서 살아.
=	
현재완료	Mina **has lived** in France for three years. 미나는 3년째 프랑스에서 살고 있어.

❖ POINT 2 ❖

긍정문	주어 + have + 과거분사
주어가 3인칭 단수인 긍정문	(s)he/it + has + 과거분사
긍정문 축약	I have = I've / We have = We've (s)he has = (s)he's / it has = it's
부정문	주어 + have/has + not + 과거분사
부정문 축약	have not = haven't / has not = hasn't

I have seen this movie before. 나는 전에 이 영화를 본 적 있어.

She has gone to Canada. 그녀는 캐나다로 가버렸어(가고 없어).

We've been best friends for five years. 우리는 5년째 제일 친한 친구야.

He has not[hasn't] seen the movie before. 그는 전에 그 영화를 본 적이 없어.

Check and Write

다음 밑줄 친 동사를 현재완료 시제로 바꾸고 전체 문장을 다시 쓰세요.

1. He <u>likes</u> her.

→ _____ He has liked her _____.

그는 그녀를 좋아해왔어.

2. She <u>eats</u> my cake!

→ _____!

그녀는 내 케이크를 먹어버렸어!

3. I <u>left</u> my phone on the bus.

→ _____.

나는 내 전화기를 버스에 두고 내렸어.

4. I <u>finished</u> my homework.

→ _____.

나는 내 숙제를 끝냈어.

We have lived here for ten years.

현재완료 시제와 과거 시제의 비교

❖ **POiNT 1** ❖

현재완료

We have lived here for ten years.
우리는 10년 동안 이곳에 살고 있다.

1. 지금도 이곳에 계속 있다는 의미예요.
2. 과거부터 현재까지 계속되는 동작이나 상태를 나타내요.

과거

We lived here for ten years.
우리는 이곳에 10년 동안 살았다.

1. 지금은 이곳에 없다는 의미예요.
2. 과거에 이미 끝난 동작이나 상태를 나타내요.

❖ **POiNT 2** ❖

주의해요!

현재완료는 기간을 나타내는 부사(구)와 함께 쓰이고
과거 시제는 명백한 과거 시점을 나타내는 부사(구)와 함께 써요.

She has studied English since last year.
그녀는 작년부터 영어를 공부해 왔다.

She studied English two days ago.
그녀는 이틀 전에 영어를 공부했다.

She has studied English yesterday. (X)

현재완료 시제와 자주 함께 쓰이는 부사들	과거 시제와 자주 함께 쓰이는 부사들
for ~동안	yesterday 어제
since ~이후로	~ ago ~ 전에
	last night 어젯밤

Check and Write

다음 주어진 동사를 현재완료 또는 과거 시제로 바꿔 버 문장을 완성해보세요.

1. wait

   → I [have waited] for Christmas for a whole year.

   나는 1년 동안 크리스마스를 기다려왔어.

2. play

   → She [   ] with her friends yesterday.

   그녀는 어제 그녀의 친구들과 놀았어.

3. take

   → I [   ] this picture two hours ago.

   나는 2시간 전에 이 사진을 찍었어.

4. be awake

   → I [   ] since last night.

   나는 어젯밤 이후로 계속 깨어있었어.

Practice 1 현재완료 시제와 과거 시제의 쓰임을 문장으로 익혀 보아요.

다음 문장에 알맞은 표현을 [보기]에서 골라 빈칸에 알맞게 변형하여 써 보세요. (중복 사용 가능)

A **Mina has made chocolates.** (*'chocolate'이 초콜릿 그 자체를 가리킬 때는 셀 수 없는 명사이지만, 초콜릿으로 만든 음식(과자, 음료)을 가리킬 때는 셀 수 있는 명사로 쓸 수 있어요.)

| 보기 | be | make | decorate | finish | spend | for | have | not |

1. Mina has ___made___ chocolates ___for___ four hours.
   미나는 4시간 동안 초콜릿을 만들고 있어.

2. I _____ _____ the chocolates _____ 30 minutes.
   나는 30분 동안 초콜릿을 장식하고 있어.

3. She _____ _____ _____ making
   the chocolates yet.
   그녀는 초콜릿 만드는 것을 아직 끝내지 않았어.

4. She has just _____ making the chocolates.
   그녀는 초콜릿 만드는 것을 막 끝냈어.

5. She _____ already _____ all her pocket money.
   그녀는 이미 그녀의 용돈을 다 써버렸어.

6. But she _____ _____ happy _____ a day.
   하지만 그녀는 하루 동안 행복했어.

B **Am I using a dialect?** (*dialect: 방언, 사투리)

| 보기 | live | speak | use | have |

1. I _____ _____ here for three years.
   나는 여기에서 3년째 살고 있어.

2. I _____ in Busan three years ago. 나는 3년 전에는 부산에서 살았어.

3. How long _____ you _____ a dialect?
   너는 얼마나 오랫동안 사투리를 썼니?

4. I _____ it for seven years. 나는 그것을 7년 동안 썼어.

5. But I don't _____ it now. 하지만 지금은 그것을 사용하지 않아.

6. No way! You _____ a dialect! 말도 안 돼! 너 사투리 썼어!

Ⓒ **Have you ever seen a dinosaur before?**

| 보기 | see | die | haven't |

1. Dad, have you ever _____ a dinosaur before? (*dinosaur: 공룡)
아빠, 전에 공룡을 본 적 있어요?

2. No, I _____. 아니, 본적 없단다.

3. They all _____. 그들은 모두 죽었어.

Ⓓ **I want to see a fairy!**

| 보기 | have | see | be | never | be born | do | ever |

1. Mom, _____ you _____ _____ a fairy?
엄마, 요정을 본 적 있어요?

Yes, I _____. 응, 있지.

2. Where _____ you _____ one?
어디서 그것을 봤어요?

3. I _____ a fairy on the day you _____ _____
in the hospital. 나는 요정을 네가 태어났던 날 병원에서 봤단다.

4. I want to see a fairy, too. I _____ _____ _____
one before. 저도 요정을 보고 싶어요. 저는 전에 한 번도 그걸 본 적이 없어요.

5. Look at yourself in the mirror. You _____ my fairy.
거울을 보렴. 네가 나의 요정이었단다.

Practice 2 현재완료 시제와 과거 시제의 차이점을 익혀 보아요.

다음 우리말 뜻과 같도록 주어진 표현을 순서에 맞게 배열하여 문장을 완성하세요.

1. (lunch, Did you, eat)?
너는 점심을 먹었니?

➡ ___Did you eat lunch___

_____?

2. (I, a stomachache, had) this morning.   나는 오늘 아침에 배가 아팠어.

➡ _____

_____ this morning.

3. (an hour ago, ate lunch, I).   나는 한 시간 전에 점심을 먹었어.

➡ _____.

4. (I, since this morning, haven't eaten, anything).
나는 오늘 아침 이후로 아무것도 먹지 않았어.

➡ _____.

5. (bought, I, a new smartphone) two days ago.   나 이틀 전에 새 스마트폰을 샀어.

➡ _____ two days ago.

6. But (I, lost it, have).   근데 나 그걸 잃어버렸어. (그래서 지금 갖고 있지 않아.)

➡ But _____.

7. Sihu, (lied, to me, have you ever)?
시후야, 너는 지금까지 나에게 거짓말 한 적 있니?

➡ Sihu, _____?

8. (have never lied, I, to you). 나는 너에게 거짓말을 한 적 없어.

➡ _____ .

9. (for four hours, Nayeon, has watched TV). 나연이는 네 시간 동안 TV를 봤어.

➡ _____ .

10. (angry, Her mother, got). 그녀의 엄마는 화나셨어.

➡ _____ .

11. (Nayeon, since that day, has not watched TV).

나연이는 그 날 이후로 TV를 보지 못하고 있어.

➡ _____ .

12. (for an hour, has listened to, music, She).

그녀는 한 시간 동안 음악을 들었어.
(그리고 지금도 듣고 있어.)

➡ _____

_____ .

13. (for a long time, has taught math, Mr. Kang).

강 선생님은 오랫동안 수학을 가르쳐 오셨다.
(그리고 지금도 가르치고 계셔.)

➡ _____

_____ .

14. (my homeroom teacher, He, has been) since March.

그는 3월부터 나의 담임선생님이셨어.

➡ _____ since March.

15. (for 20 years, have been friends, Mr. Kang and my father).

강 선생님과 우리 아빠는 20년 동안 친구이셨어. (그리고 지금도 친구이셔.)

➜ _____ .

16. (have known him, I, for a long time).   나는 오랫동안 그를 알아왔어.

➜ _____ .

17. (has driven a car, My father, for ten years).

나의 아버지는 10년 동안 차를 운전해오셨어.

➜ _____ .

18. (my teeth, I, brushed)
this morning.

나는 오늘 아침에 나의 이를 닦았어.

➜ _____

_____ this morning.

19. (that movie, ever seen,
Have you)?

너는 그 영화를 본 적 있니?

➜ _____

_____ ?

20. (a week ago, I, watched that movie).   나는 그 영화를 일주일 전에 봤어.

➜ _____ .

🔍 정답과 해설 p.9

Practice 3 현재완료 시제와 과거 시제의 차이점을 구분할 수 있어요.

다음 우리말 뜻과 같아지도록 ( ) 안에서 알맞은 것을 골라 동그라미 하고, 문장을 다시 써 보세요.

1. (Have, Did) you ever been to London?

   너 런던에 가본 적 있니?

   → Have you ever been
      to London ?

2. We (have lived, lived) here since 2015.

   우리는 2015년부터 계속 이 곳에 살고 있어.

   → _____
      _____ .

3. I (have washed, washed) the dishes yesterday!

   나는 어제 설거지를 했어!

   → _____ !

4. We (have moved, moved) to Seoul five years ago.

   우리는 5년 전에 서울로 이사했어.

   → _____ .

5. Junwoo (has turned, turned) on the TV at 11:00 p.m. last night.

   준우는 어젯밤 열한 시에 TV를 켰어.

   → _____ .

6. (Has, Did) he watched TV since then?   그는 그 이후로 계속 TV를 봤니?

   → _____ ?

7. (Did you go, Have you gone) fishing last Saturday?   너 지난 토요일에 낚시 갔니?

   → _____ ?

8. Mina (has not slept, did not sleep) since last night.

미나는 어젯밤 이후로 잠을 안 잤어.

➡ _____ .

9. Sora (has won, won) her first gold medal last year.

소라는 작년에 그녀의 첫 금메달을 땄어.

➡ _____ .

10. Sora (transferred, has transferred) to another school last month.

소라는 지난달에 다른 학교로 전학을 갔어.

➡ _____

_____ .

11. It (snowed, has snowed) heavily two hours ago.

두 시간 전에 눈이 많이 내렸어.

➡ _____

_____ .

12. We (had, have had) his birthday party last weekend.

우리는 지난 주말에 그의 생일 파티를 가졌어.

➡ _____ .

13. (Have you seen, Did you see) her since last month?

너는 지난달 이후로 그녀를 본 적이 있니?

➡ _____ ?

14. He (left, has left)
Korea last year.

그는 작년에 한국을 떠났어.

➡ _____ .

15. It (has rained, rained)
since last night.

어젯밤부터 비가 계속 내렸어.

➡ _____ .

16. I (have been, was) with Sihu last Friday.

나는 지난 금요일에 시후와 함께 있었어.

➡ _____ .

17. I (haven't seen, didn't see) her since last month.

나는 지난달 이후로 그녀를 보지 못했어.

➡ _____ .

18. She (has changed, changed) her phone number a week ago.

그녀는 일주일 전에 핸드폰 번호를 바꿨어.

➡ _____ .

19. My father (has gone, went) to work by car yesterday.

우리 아버지는 어제 차를 타고 일하러 가셨어.

➡ _____ .

20. He (lived, has lived) in Seoul since 2000. 그는 2000년부터 계속 서울에 살았어.

➡ _____ .

Let's Practice More!

학습목표 1 | 현재완료 시제의 형태를 연습해 보아요.　　공부한 날 :　　맞은 개수 :　　/12개

다음 밑줄 친 부분을 현재완료 시제로 바꿔 보세요.

01. It <u>snowed</u> heavily.　→ _____has snowed_____
눈이 많이 내렸어.

02. We <u>had</u> his birthday party.　→ _____
우리는 그의 생일 파티를 가졌어.

03. He <u>left</u> Korea.　→ _____
그는 한국을 떠났어.

04. I <u>was</u> with Sihu.　→ _____
나는 시후와 함께 있었어.

05. She <u>changed</u> her phone number.　→ _____
그녀는 핸드폰 번호를 바꿨어.

06. She <u>was</u> happy.　→ _____
그녀는 행복했어.

07. You <u>spoke</u> a dialect.　→ _____
너 사투리 썼어.

08. I <u>had</u> a stomachache.　→ _____
난 배가 아팠어.

09. He <u>was</u> my homeroom teacher.　→ _____
그는 나의 담임선생님이셨어.

10. She <u>listened</u> to music.　→ _____
그녀는 음악을 들었어.

11. Nayeon <u>watched</u> TV.　→ _____
나연이는 TV를 봤어.

12. We <u>ate</u> lunch.　→ _____
우리는 점심을 먹었어.

Let's Practice More! SET 02

학습목표 1 | 현재완료 시제의 형태를 연습해 보아요.   🗓 공부한 날 :   ✏ 맞은 개수 :   /12개

 다음 밑줄 친 부분을 부정형으로 바꿔 보세요.

01. Mr. Kang <u>has taught</u> math for a long time. 강 선생님은 오랫동안 수학을 가르쳐 오셨어.
➡ ___has not taught[hasn't taught]___

02. I <u>have known</u> him for a long time. 나는 오랫동안 그를 알아 왔어.
➡ _____

03. He <u>has worked</u> on the farm since 2000.
그는 2000년 이후로 계속 농장에서 일해 왔어.

➡ _____

04. We <u>have lived</u> here since 2015. 우리는 2015년부터 계속 이 곳에 살고 있어.
➡ _____

05. Mina and her family <u>have visited</u> here. 미나와 그녀의 가족은 여기에 방문한 적이 있어.
➡ _____

06. It <u>has rained</u> since last night. 어젯밤부터 비가 내렸어.
➡ _____

07. My brother and I <u>have seen</u> the sunrise before.
나의 남동생과 나는 전에 해돋이를 본 적이 있어.

➡ _____

08. I <u>have decorated</u> chocolates for 30 minutes. 나는 30분 동안 초콜릿을 장식하고 있어.
➡ _____

09. She <u>has finished</u> making chocolates. 그녀는 초콜릿 만드는 것을 끝냈어.
➡ _____

10. I <u>have lost</u> my cell phone. 난 내 핸드폰을 잃어버렸어.
➡ _____

11. I <u>have lied</u> to you. 나는 너에게 거짓말을 한 적이 있어.
➡ _____

12. Nayeon <u>has watched</u> TV for four hours. 나연이는 네 시간 동안 TV를 봤어.
➡ _____

Let's Practice More!

학습목표 1 | 현재완료 시제의 형태를 연습해 보아요.　　⏱ 공부한 날 :　　✅ 맞은 개수 :　　/14개

🦉 밑줄 친 현재완료 시제의 형태가 맞으면 ○표, 틀리면 고쳐 써 보세요.

01. I <u>haven't eaten</u> anything since this morning. ➡ _____○_____
나는 오늘 아침 이후로 아무것도 먹지 않았어.

02. <u>Has you ever lied</u> to me? ➡ _____
너는 지금까지 나에게 거짓말 한 적 있니?

03. <u>Have he watched</u> TV since four o'clock? ➡ _____
그는 4시 이후로 계속 TV를 봤니?

04. Mina <u>has made</u> chocolates for four hours. ➡ _____
미나는 4시간 동안 초콜릿을 만들었어.

05. I <u>have cleaned</u> my room for 30 minutes. ➡ _____
나는 30분 동안 내 방을 청소했어.

06. She <u>has spend</u> all her pocket money. ➡ _____
그녀는 그녀의 용돈을 다 써버렸어.

07. She <u>has finished</u> baking cookies. ➡ _____
그녀는 쿠키를 굽는 것을 끝냈어.

08. I <u>has lived</u> here for three years. ➡ _____
나는 여기에서 3년째 살고 있어.

09. <u>Have you ever saw</u> a ghost before? ➡ _____
넌 전에 귀신을 본 적이 있니?

10. I <u>have never seen</u> the sunrise before. ➡ _____
나는 전에 해돋이를 본 적이 없어.

11. I <u>have lose</u> my cell phone. ➡ _____
나는 내 핸드폰을 잃어버렸어.

12. Nayeon <u>have not watched</u> TV since that day. ➡ _____
나연이는 그 날 이후로 TV를 보지 않았어.

13. I <u>have watered</u> the plants for two years. ➡ _____
나는 2년 동안 그 식물에 물을 주었어.

14. Mr. Kang <u>has taught</u> math for a long time. ➡ _____
강 선생님은 오랫동안 수학을 가르쳐 오셨어.

Let's Practice More!

학습목표 1 | 현재완료 시제의 형태를 연습해 보아요.   📅 공부한 날 :   ✅ 맞은 개수 :   /12개

 ( ) 안의 단어를 현재완료 시제로 바꾸어 빈칸에 쓰세요.

01. He ___has been___ my homeroom teacher since March. (be)

그는 3월부터 나의 담임선생님이셨어.

02. They _____ the bridge since last year. (build)

그들은 작년 이후로 그 다리를 지어 왔어.

03. I _____ him for a long time. (know)

나는 그를 오랫동안 알아 왔어.

04. My father _____ a car for ten years. (drive)

나의 아버지는 10년 동안 차를 운전해 오셨어.

05. We _____ here since 2015. (live)

우리는 2015년 이후로 여기에 살고 있어.

06. It _____ since last night. (rain)

어젯밤부터 비가 계속 내렸어.

07. Mr. Kang and my father _____ friends for 20 years. (be)

강 선생님과 우리 아빠는 20년 동안 친구이셨어.

08. They _____ a bowling class. (take)

그들은 볼링 수업을 들어 왔어.

09. He _____ in Seoul since 2000. (live)

그는 2000년부터 서울에 살고 있어.

10. Steve _____ in Japan for two months. (stay)

Steve는 두 달 동안 일본에 머물러 왔어.

11. We _____ Spanish for six months. (learn)

우리는 6개월 동안 스페인어를 배워 왔어.

12. I _____ tennis before. (play)

나는 전에 테니스를 쳐 본 적이 있어.

학습목표 2 | 과거 시제를 복습해 보아요.   공부한 날 :   맞은 개수 :   /14개

 ( ) 안의 단어를 과거 시제로 바꾸어 빈칸에 쓰세요.

01. I ___bought___ a new smartphone two days ago. (buy)
나는 이틀 전에 새 스마트폰을 샀어.

02. Her mother _____ angry. (be)
그녀의 엄마는 화나셨어.

03. They _____ their teeth this morning. (brush)
그들은 오늘 아침에 그들의 이를 닦았어.

04. She _____ that movie a week ago. (watch)
그녀는 그 영화를 일주일 전에 봤어.

05. We _____ the dishes yesterday! (wash)
우리는 어제 설거지를 했어!

06. Sihu _____ to Seoul five years ago. (move)
시후는 5년 전에 서울로 이사했어.

07. Junwoo _____ on the TV at 11:00 p.m. last night. (turn)
준우는 어젯밤 11시에 TV를 켰어.

08. We _____ our first gold medal last year. (win)
우리는 작년에 우리의 첫 금메달을 땄어.

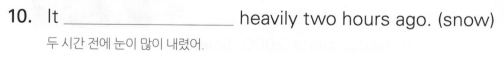

09. She _____ her friends yesterday. (meet)
그녀는 어제 그녀의 친구들을 만났어.

10. It _____ heavily two hours ago. (snow)
두 시간 전에 눈이 많이 내렸어.

11. He _____ Korea last year. (leave)
그는 작년에 한국을 떠났어.

12. My father _____ to work by car yesterday. (go)
우리 아버지는 어제 차를 타고 일하러 가셨어.

13. I _____ the book last weekend. (read)
나는 그 책을 지난 주말에 읽었어.

14. You _____ a dialect. (speak)
너 사투리 썼어.

Let's Practice More!

학습목표 2 | 과거 시제를 복습해 보아요.   📅 공부한 날 :   ☑ 맞은 개수 :   /14개

 다음 밑줄 친 부분을 과거시제로 알맞게 썼으면 ○표, 틀리면 고쳐 써 보세요.

01. He <u>will finish</u> his homework a few minutes ago.   ➔ _____finished_____

그는 그의 숙제를 몇 분 전에 끝냈어.

02. My sister <u>came</u> back home at 8 p.m.   ➔ _____

나의 여동생은 오후 8시에 집으로 돌아왔어.

03. You <u>were</u> my fairy.   ➔ _____

네가 나의 요정이었어.

04. <u>Did you eaten</u> lunch?   ➔ _____

너는 점심을 먹었니?

05. We <u>went</u> shopping an hour ago.   ➔ _____

우리는 한 시간 전에 쇼핑을 하러 갔어.

06. I <u>bought</u> a new smartphone two days ago.   ➔ _____

나는 이틀 전에 새 스마트폰을 샀어.

07. Her mother <u>will be</u> angry.   ➔ _____

그녀의 엄마는 화나셨어.

08. I <u>brushed</u> my teeth this morning.   ➔ _____

나는 오늘 아침에 나의 이를 닦았어.

09. I <u>will watch</u> that movie a week ago.   ➔ _____

나는 그 영화를 일주일 전에 봤어.

10. Junwoo <u>has turned</u> on the TV at 11:00 p.m. last night.   ➔ _____

준우는 어젯밤 열한 시에 TV를 켰어.

11. <u>Did you go</u> fishing last Saturday?   ➔ _____

너 지난 토요일에 낚시를 하러 갔니?

12. Sora <u>has won</u> her first gold medal last year.   ➔ _____

소라는 작년에 그녀의 첫 금메달을 땄어.

13. We <u>have</u> his birthday party last weekend.   ➔ _____

우리는 지난 주말에 그의 생일 파티를 가졌어.

14. I <u>was</u> with my dog last night.   ➔ _____

나는 어젯밤에 나의 개와 함께 있었어.

학습목표 3 | 현재완료 시제와 과거 시제를 비교해 보아요.

공부한 날 :   맞은 개수 :   /20개

 우리말 뜻을 참고하여 (   )에서 알맞은 것을 골라 ○표 하세요.

01.

I (washed / have washed)
the dishes yesterday!
나는 어제 설거지를 했어!

02.

She (spent / has spent)
all her pocket money.
그녀는 그녀의 용돈을 다 써버렸어. (그래서 지금은 돈이 없어.)

03. Mina (made / has made) chocolates for five hours.
미나는 5시간 동안 초콜릿을 만들었어.

04. She (didn't finish / has not finished) making chocolates yet.
그녀는 초콜릿 만드는 것을 아직 끝내지 않았어. (그래서 지금도 만들고 있어.)

05. My father (went / has gone) to work by car yesterday.
우리 아버지는 어제 차를 타고 일하러 가셨어.

06. She (was / has been) happy for a day.
그녀는 하루 동안 행복했어. (지금도 행복해.)

07. I (lived / have lived) here for three years.   나는 여기에서 3년째 살고 있어.

08. He (left / has left) Korea last year.   그는 작년에 한국을 떠났어.

09. I (read / have read) the book three years ago.   나는 그 책을 3년 전에 읽었어.

10. Dad, (did you see / have you ever seen) a dinosaur before?
아빠, 전에 공룡을 본 적 있어요?

11.

I (was / have been) with her last Friday.

나는 지난 금요일에 그녀와 함께 있었어.

12.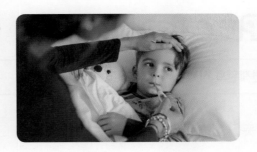

He (was / has been) sick for two days.

그는 이틀 동안 (계속) 아팠어.

13. It (rained / has rained) since last night.   지난밤 이후로 비가 내렸어.

14. I (knew / have known) him for a long time.   나는 오랫동안 그를 알아 왔어.

15. I (didn't eat / haven't eaten) anything since this morning.

나는 오늘 아침 이후로 아무것도 먹지 않았어.

16. Jane (watched / has watched) the movie a week ago.

Jane은 그 영화를 일주일 전에 봤어.

17. (Were you / Have you ever been) to London?   너 런던에 가본 적 있니?

18. The party (ended / has ended) at midnight.   (*midnight: 자정)

그 파티는 자정에 끝났어.

19. We (moved / have moved) to Seoul five years ago.   우리는 5년 전에 서울로 이사했어.

20. (Did you go / Have you gone) fishing last Saturday?

너 지난 토요일에 낚시를 하러 갔니?

Let's Practice More!

학습목표 3 | 현재완료 시제와 과거 시제를 비교해 보아요. 📅 공부한 날 : ✅ 맞은 개수 : /20개

 우리말 뜻을 참고하여 (   )에서 알맞은 것을 골라 ○표 하세요.

01.

She (listened / has listened)
to music for an hour.
그녀는 한 시간 동안 음악을 들었어.

02.

We (had / have had) his birthday
party last weekend.
우리는 지난 주말에 그의 생일 파티를 가졌어.

03. Mina (played / has played) the violin for five years.
미나는 5년 동안 바이올린을 연주해 왔어.

04. Sora (transferred / has transferred) to another school last month.
소라는 지난달에 다른 학교로 전학을 갔어.

05. (Did you see / Have you seen) her since last month?
너는 지난달 이후로 그녀를 본 적이 있니?

06. Mr. Kang (taught / has taught) math for a long time.
강 선생님은 오랫동안 수학을 가르쳐오셨어.

07. He (was / has been) my homeroom teacher since March.
그는 3월부터 나의 담임선생님이셨어.

08. The actor (played / has played) the role since last year.
그 배우는 작년 이후로 그 역할을 맡아 왔어.

09. Mina (didn't sleep / hasn't slept) since last night.   미나는 어젯밤 이후로 잠을 안 잤어.

10. We (lived / have lived) here since 2015.   우리는 2015년부터 계속 이 곳에 살았어.

11.

Nayeon (watched / has watched) TV for four hours.

나연이는 4시간 동안 TV를 봤어.

12.

Jake (won / has won) his first gold medal last year.

Jake는 작년에 그의 첫 금메달을 땄어.

13. Mr. Kang and my father (were / have been) friends for 20 years.

강 선생님과 우리 아빠는 20년 동안 친구이셨어.

14. We (knew / have known) each other for a long time.

우리는 서로 오랫동안 알아 왔어.

15. My father (drove / has driven) a car for ten years.

나의 아버지는 10년 동안 차를 운전해 오셨어.

16. I (brushed / have brushed) my teeth this morning.

나는 오늘 아침에 나의 이를 닦았어.

17. I (lived / have lived) in Busan three years ago. 나는 3년 전에 부산에서 살았어.

18. I (bought / have bought) a new smartphone two days ago.

난 이틀 전에 새 스마트폰을 샀어.

19. I (lost / have lost) my cell phone last Saturday. 나는 내 핸드폰을 지난 토요일에 잃어버렸어.

20. (Did you see / Have you ever seen) that movie? 너는 그 영화를 본 적 있니?

실전테스트

CHAPTER 04~05

공부한 날 :

복습한 날 :

부모님 확인 :

CHAPTER 04 분사   CHAPTER 05 현재완료

● 정답과 해설은 별책 11쪽에서 확인하세요!!

01

동사원형−과거형−과거분사형이 바르게 짝지어지지 않은 것을 고르세요.

	동사원형	과거형	과거분사형
①	meet	met	met
②	tell	told	told
③	pay	paid	paid
④	take	took	took

[02~03] 다음 중 동사와 과거분사의 형태가 올바르게 짝지어진 것을 고르세요.

02

① fall – fell
② ride – riden
③ ring – rung
④ work – worken

03

① become – become
② make – make
③ eat – aten
④ see – sawn

04

다음 밑줄 친 부분이 현재분사가 아닌 것을 고르세요.

① She is staying in her room.
② They are preparing for the test.
③ Eating breakfast is very important.
④ We are hoping to see you.

05

다음 밑줄 친 분사의 형태가 틀린 것을 고르세요.

① I played the guitar made in France.
② She is catching the falling snow.
③ There was a girl naming Sophie.
④ I saw a spider coming to me.

06

다음 밑줄 친 부분의 쓰임이 어색한 것을 고르세요.

① I was excited by her interested idea.
② She looked at the broken window.
③ His boring class made me sleep.
④ The street is filled with fallen leaves.

07

다음 괄호 안의 단어를 올바르게 바꾼 것을 고르세요.

Joseph (be) very sick since last Monday.

① is
② was
③ have been
④ has been

08

다음 밑줄 친 부분의 축약형으로 알맞은 것을 고르세요.

We have already met Jasmine.

① We'd
② We'e
③ We've
④ We'ave

09

다음 밑줄 친 부분의 쓰임이 <u>어색한</u> 것을 고르세요.

① I haven't seen her <u>tomorrow</u>.
② She has studied Chinese <u>since</u> 2016.
③ I have known her <u>for</u> two years.
④ He has seen the movie <u>before</u>.

10

다음 그림을 참고하여 우리말 해석과 같도록 빈칸에 알맞은 말을 쓰세요.

A: _____ _____ have you taken swimming lessons?
[너는 얼마나 오래 수영 레슨을 받았니?]
B: I have learned swimming _____ last summer.
[나는 지난 여름 이후로 수영을 배워 왔어.]

11

다음 글자들을 배열하여 우리말 해석과 같도록 빈칸에 알맞은 단어를 쓰세요.

I have _____ had dinner.
[나는 이미 저녁을 먹었다.]

12

다음 대화의 빈칸에 들어갈 알맞은 대답을 고르세요.

A: Have you tried Mexican food?
(멕시코 음식을 먹어 봤니?)
B: _____
(아니, 안먹어 봤어.)

① Yes, I had.　　② No, I didn't.
③ Yes, I have.　　④ No, I haven't.

13

다음 그림을 보고, 빈칸에 들어갈 알맞은 단어를 고르세요.

M: Have you _____ seen a dolphin?
W: Yes, I have.

① just　　② yet　　③ ever　　④ ago

[14~15] 다음 문장에서 밑줄 친 부분을 바르게 고쳐 쓰세요.

14

She <u>has been</u> in Korea in 2012.

⇨ _____

15

I have <u>studied</u> English for a week.

⇨ _____

[16~17] 다음 그림을 참고하여, ( ) 안에 들어갈 알맞은 단어를 고르세요.

16

Youngmi has been sick (for / since) a week.

17

They have (just / yet) finished their lunch.

18

다음 그림을 참고하여 우리말 해석과 같도록 빈칸에 알맞은 단어를 쓰세요.

I have studied English _____ July.
나는 7월 이후로 영어를 공부해 왔다.

19

다음 밑줄 친 부분의 쓰임이 어색한 것을 고르세요.

① I've just finished my homework.
② He has not seen her before.
③ We've watched the movie before.
④ They has lived here since 2010.

20

어울리는 표현들을 연결하여 문장을 완성하세요

① Have you ever ·　　·Ⓐ the president?
② Has she met ·　　·Ⓑ chicken soup?
③ Have you eaten ·　　·Ⓒ been abroad?

21

다음 밑줄 친 부분의 쓰임이 어색한 것을 고르세요.

① She has an interesting book.
② He told her the surprising news.
③ I am interested in playing the piano.
④ They carried the breaking chair.

22

다음 [보기]의 단어들을 표에 맞게 분류해 쓰세요.

[보기] singing, done, been, sung, doing

현재분사	과거분사

23

다음 그림에 가장 알맞은 문장을 고르세요.

① He is leaving the key on the desk.
② He leaves the key on the desk.
③ He has left the key on the desk.
④ He has put the key in his pocket.

[24~25] 다음 그림을 가장 잘 묘사한 문장을 고르세요.

24

① He goes to Paris.
② He will go to Paris.
③ He has gone to Paris.
④ He left Paris in 2012.

25

① Susan has not finished exercise yet.
② Susan has not exercised for a few minutes.
③ Susan has finished exercise.
④ Susan has just started exercise.

26

다음 문장에서 밑줄 친 부분을 바르게 고쳐 쓰세요.

Minseo <u>has washed</u> the dishes yesterday.

⇨ _____

27

다음 빈칸에 들어갈 수 <u>없는</u> 것을 고르세요.

> I have built this house _____.

① since last month   ② for a long time
③ two year ago   ④ since 2013

28

다음 빈칸에 들어갈 수 있는 말을 고르세요.

> A: How long have you lived here?
> B: I have lived here _____.

① three weeks ago   ② for five months
③ in 2003   ④ last year

[29~30] 다음 대화의 대답을 참고하여 빈칸에 들어갈 알맞은 말을 쓰세요.

29

> A: _____ _____ _____ this picture?
> (너 이 그림 본 적 있니?)
> B: Yes, I have seen it before.
> (네, 전에 본 적 있어요.)

30

> A: _____ _____ have you known him?
> (그를 안 지 얼마나 되었니?)
> B: I have known him for 10 years.
> (난 10년 동안 그를 알고 지냈어.)

다른 나라에서는 전화를 받을 때 어떻게 말할까요?

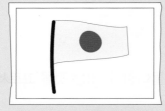

일본 - もしもし (모시모시)。

중국 - 喂(웨이)?

미국 - Hello(헬로우)?

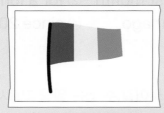

프랑스 - Allô(알로)?

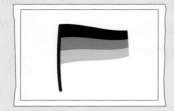

독일 - Hallo(할로)?

이탈리아 - Pronto(프론토)?

도와주세요! – 여러 나라의 긴급 구조 전화번호

해외에 있는데 위급한 상황이 벌어졌어요.
다른 나라에서도 우리나라와 똑같이 119를 누르면 될까요?

프랑스 - 112 or 15

미국 - 911

독일 - 110

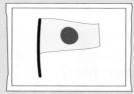

일본 - 110

영국 - 999

이탈리아 - 112

초등영문법3800제 LEVEL 7

워크북
WORKBOOK

1. **단어 쓰기 연습** mp3 음성 파일을 듣고 들려주는 단어를 세 번씩 써 보아요.

2. **Dictation Test** mp3 음성 파일을 듣고 빈칸을 채워 보세요.

3. **단어테스트** 단어 쓰기 연습을 하며 암기한 단어들을 제대로 외웠는지 확인해 보아요.

4. **워크북 정답** Dictation Test와 단어테스트의 정답

초등영문법3800제 MP3 파일 이용 방법

1. 홈페이지에서 다운로드

① 마더텅 홈페이지(www.toptutor.co.kr) 접속 → 상단 메뉴 중 [초등 · 유아]의 [교재 소개] 선택
 → 교재 목록에서 해당 교재명 찾아 선택 → 학습자료의 [mp3] 선택 후 다운로드

② 마더텅 홈페이지(www.toptutor.co.kr) 접속 → 상단 메뉴 중 [초등 · 유아] 의 [교재자료실] 선택
 → 자료실 상단의 [교재를 선택하세요.] 에서 해당 교재명 선택
 → 자료 목록에서 mp3 게시물 선택 후 다운로드

2. 모바일 스트리밍 / 다운로드

① 스마트폰으로 교재 뒷면의 QR코드 스캔 → MP3 스트리밍 or 다운로드

② 주소창에 m.toptutor.co.kr 또는 포털에서 '마더텅' 검색 → [MP3 자료실] 선택
 → 상단 메뉴 중 [초등 · 유아] 선택 → 해당 교재명 찾아 선택 후 MP3 스트리밍 or 다운로드

단어 쓰기 연습 1

초3800_7_w1

들려주는 단어를 잘 듣고, 세 번씩 써 보세요.   🎧 MP3 7권 단어 **01**

01 **textbook** 몡 교과서	textbook		
02 **promise** 동 약속하다	promise		
03 **decide** 동 결심하다	decide		
04 **easy** 혱 쉬운	easy		
05 **bus** 몡 버스	bus		
06 **boring** 혱 지루한	boring		
07 **hobby** 몡 취미	hobby		
08 **diary** 몡 일기	diary		
09 **interesting** 혱 재미있는	interesting		
10 **save** 동 모으다	save		
11 **please** 동 기쁘게 하다	please		
12 **exciting** 혱 신나는	exciting		
13 **fact** 몡 사실	fact		

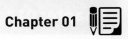

들려주는 단어를 잘 듣고, 세 번씩 써 보세요. MP3 7권 단어 01

14 **shy** 형 부끄러운	shy		
15 **contact** 명 접촉	contact		
16 **join** 동 ~와 함께 하다	join		
17 **celebrate** 동 축하하다	celebrate		
18 **way** 명 방법	way		
19 **board game** 명 보드게임	board game		
20 **surprised** 형 놀란	surprised		
21 **loud** 형 (소리가) 큰	loud		
22 **laughter** 명 웃음소리	laughter		
23 **healthy** 형 건강한	healthy		
24 **scold** 동 꾸짖다	scold		
25 **worry** 동 걱정시키다	worry		
26 **quietly** 부 조용히	quietly		

단어 쓰기 연습 2

들려주는 단어를 잘 듣고, 세 번씩 써 보세요.

🎧 MP3 7권 단어 **02**

27 lose 동 (체중을) 줄이다	lose		
28 weight 명 몸무게	weight		
29 drawer 명 서랍	drawer		
30 hide 동 숨기다	hide		
31 try 동 애쓰다	try		
32 tiny 형 아주 작은	tiny		
33 piece 명 조각	piece		
34 notice 동 알아차리다	notice		
35 lie 동 눕다	lie		
36 grass 명 잔디	grass		
37 rest 명 휴식	rest		
38 ride 동 타다	ride		
39 bicycle 명 자전거	bicycle		

들려주는 단어를 잘 듣고, 세 번씩 써 보세요.

🎧 MP3 7권 단어 02

40 **scientist** 몡 과학자	scientist		
41 **important** 혱 중요한	important		
42 **enter** 동 들어오다	enter		
43 **rescue** 동 구출하다	rescue		
44 **castle** 몡 성	castle		
45 **reason** 몡 이유	reason		
46 **deserve** 동 ~할 자격이 있다	deserve		
47 **prize** 몡 상	prize		
48 **imagine** 동 상상하다	imagine		
49 **future** 몡 미래	future		
50 **learn** 동 배우다	learn		
51 **decision** 몡 결정	decision		
52 **travel** 동 여행하다	travel		

단어 쓰기 연습 3

초3800_7_w3

들려주는 단어를 잘 듣고, 세 번씩 써 보세요.   🎧 MP3 7권 단어 **03**

01 need 동 필요하다	need		
02 homework 명 숙제	homework		
03 drink 동 마시다	drink		
04 courage 명 용기	courage		
05 try 동 시도하다	try		
06 pass 동 통과하다	pass		
07 exam 명 시험	exam		
08 glad 형 기쁜	glad		
09 help 동 돕다	help		
10 secret 명 비밀	secret		
11 pocket money 명 용돈	pocket money		
12 fish 명 물고기	fish		
13 jump 동 뛰다	jump		

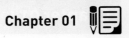

들려주는 단어를 잘 듣고, 세 번씩 써 보세요.　　　　　🎧 MP3 7권 단어 **03**

14 **jar** 몧 항아리	jar		
15 **mess** 동 엉망으로 만들다	mess		
16 **impossible** 형 불가능한	impossible		
17 **airport** 몧 공항	airport		
18 **difficult** 형 어려운	difficult		
19 **sleep** 동 자다	sleep		
20 **bother** 동 방해하다	bother		
21 **plan** 몧 계획	plan		
22 **remember** 동 기억하다	remember		
23 **focus** 동 집중하다	focus		
24 **poem** 몧 시	poem		
25 **finish** 동 끝내다	finish		
26 **forget** 동 잊다	forget		

단어 쓰기 연습 4

초3800_7_w4

들려주는 단어를 잘 듣고, 세 번씩 써 보세요.　　🎧 MP3 7권 단어 **04**

27 **sad** 형 슬픈	sad		
28 **kind** 형 친절한	kind		
29 **keep** 동 유지하다, 지키다	keep		
30 **forest** 명 숲	forest		
31 **store** 동 저장하다	store		
32 **novel** 명 소설	novel		
33 **choose** 동 선택하다	choose		
34 **clean** 동 청소하다	clean		
35 **bathroom** 명 화장실	bathroom		
36 **bring** 동 가져오다	bring		
37 **liver** 명 간	liver		
38 **chance** 명 기회	chance		
39 **limit** 명 한계	limit		

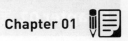

들려주는 단어를 잘 듣고, 세 번씩 써 보세요.

🎧 MP3 7권 단어 04

40	**test** 〈동〉 시험해보다	test		
41	**save** 〈동〉 구하다	save		
42	**class** 〈명〉 수업	class		
43	**dream** 〈명〉 꿈	dream		
44	**yell** 〈동〉 소리 지르다	yell		
45	**used** 〈형〉 중고의	used		
46	**balance** 〈명〉 균형	balance		
47	**agree** 〈동〉 동의하다	agree		
48	**flower shop** 〈명〉 꽃가게	flower shop		
49	**pancake** 〈명〉 팬케이크	pancake		
50	**flour** 〈명〉 밀가루	flour		
51	**vote** 〈동〉 투표하다	vote		
52	**team leader** 〈명〉 팀장	team leader		

단어 쓰기 연습 5

초3800_7_w5

들려주는 단어를 잘 듣고, 세 번씩 써 보세요.   MP3 7권 단어 05

01 ride 동 타다	ride	
02 wear 동 입다	wear	
03 enjoy 동 즐기다	enjoy	
04 hate 동 싫어하다	hate	
05 change 동 바꾸다	change	
06 raincoat 명 우비, 비옷	raincoat	
07 wish 명 희망사항	wish	
08 nervous 형 긴장한	nervous	
09 challenge 동 도전하다	challenge	
10 prefer 동 더 좋아하다	prefer	
11 without 전 ~하지 않고	without	
12 laugh 동 웃다	laugh	
13 about 전 ~에 대해	about	

들려주는 단어를 잘 듣고, 세 번씩 써 보세요.　　　　　　🎧 MP3 7권 단어 05

14 **tease** (동) 놀리다	tease		
15 **fault** (명) 잘못	fault		
16 **tired** (형) 지친, 싫증난	tired		
17 **press** (동) 누르다	press		
18 **button** (명) 버튼, 단추	button		
19 **take** (동) (휴식을) 취하다	take		
20 **break** (명) 휴식	break		
21 **favorite** (형) 가장 좋아하는	favorite		
22 **mind** (동) 꺼리다	mind		
23 **fly** (동) 비행하다	fly		
24 **from** (전) ~로부터	from		
25 **expensive** (형) 비싼	expensive		
26 **high** (부) 높이	high		

단어 쓰기 연습 6

초3800_7_w6

들려주는 단어를 잘 듣고, 세 번씩 써 보세요. 🎧 MP3 7권 단어 **06**

27 **talk** 동 이야기하다	talk		
28 **back** 명 등	back		
29 **drop** 동 떨어뜨리다	drop		
30 **mistake** 명 실수	mistake		
31 **thank** 동 감사하다	thank		
32 **poor** 형 잘 못하는	poor		
33 **horse** 명 말	horse		
34 **photograph** 명 사진	photograph		
35 **understand** 동 이해하다	understand		
36 **draw** 동 그리다	draw		
37 **cartoon** 명 만화	cartoon		
38 **eat out** 동 외식하다	eat out		
39 **happiness** 명 행복	happiness		

들려주는 단어를 잘 듣고, 세 번씩 써 보세요.　　　　　　　　　　　　　　🎧 MP3 7권 단어 **06**

40	**become** 동 ~이 되다	become		
41	**worried** 형 걱정하는	worried		
42	**keep** 동 유지하다, 계속 ~하다	keep		
43	**hide-and-seek** 명 숨바꼭질	hide-and-seek		
44	**nap** 명 낮잠	nap		
45	**habit** 명 습관	habit		
46	**hide** 동 숨다	hide		
47	**under** 전 ~아래에	under		
48	**chair** 명 의자	chair		
49	**balance** 명 균형	balance		
50	**movie** 명 영화	movie		
51	**together** 부 함께	together		
52	**low** 형 낮은	low		

단어 쓰기 연습 7

들려주는 단어를 잘 듣고, 세 번씩 써 보세요.   MP3 7권 단어 **07**

01 wish 〈동〉 바라다	wish	
02 expect 〈동〉 기대하다	expect	
03 plan 〈동〉 계획하다	plan	
04 need 〈동〉 필요로 하다	need	
05 choose 〈동〉 선택하다	choose	
06 agree 〈동〉 동의하다	agree	
07 promise 〈동〉 약속하다	promise	
08 refuse 〈동〉 거절하다	refuse	
09 pretend 〈동〉 ~한 척하다	pretend	
10 fail 〈동〉 실패하다	fail	
11 learn 〈동〉 배우다	learn	
12 solve 〈동〉 풀다	solve	
13 problem 〈명〉 문제	problem	

단어 쓰기 연습

들려주는 단어를 잘 듣고, 세 번씩 써 보세요.　　　　　　　　　MP3 7권 단어 **07**

14 begin (동) 시작하다	begin
15 lie (동) 거짓말하다	lie
16 may (조) ~할지도 모른다	may
17 thief (명) 도둑	thief
18 forget (동) 잊다	forget
19 bark (동) 짖다	bark
20 open (동) 열다	open
21 blow (동) 불다	blow
22 soap (명) 비누	soap
23 bubble (명) 방울, 거품	bubble
24 collect (동) 모으다	collect
25 snack (명) 간식	snack
26 by (전) ~까지	by

단어 쓰기 연습 8

들려주는 단어를 잘 듣고, 세 번씩 써 보세요.

🎧 MP3 7권 단어 **08**

27 end
명 끝, 말

end

28 leave
동 떠나다

leave

29 program
명 프로그램

program

30 audition
명 오디션

audition

31 practice
동 연습하다

practice

32 secretly
부 몰래

secretly

33 outside
부 밖에서

outside

34 rise
동 떠오르다

rise

35 before
전 ~전에

before

36 sunset
명 일몰

sunset

37 ring
동 울리다

ring

38 lock
동 잠그다

lock

39 enter
동 들어가다

enter

단어
쓰기
연습

들려주는 단어를 잘 듣고, 세 번씩 써 보세요. 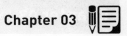 MP3 7권 단어 **08**

40 scold
동 혼내다

scold

41 right
형 옳은, 올바른

right

42 reason
명 이유

reason

43 between
전 ~사이에서

between

44 wrong
형 잘못된, 옳지 않은

wrong

45 carrot
명 당근

carrot

46 stay
동 머물다

stay

47 value
명 가치

value

48 forgive
동 용서하다

forgive

49 complain
동 불평하다

complain

50 alone
형 혼자의

alone

51 figure skater
명 피겨 스케이터

figure skater

52 think
동 생각하다

think

단어 쓰기 연습 9

들려주는 단어를 잘 듣고, 세 번씩 써 보세요.

🎧 MP3 7권 단어 **09**

01 **enjoy** 동 즐기다	_enjoy_		
02 **mind** 동 꺼려하다	_mind_		
03 **keep** 동 계속 ~하다	_keep_		
04 **practice** 동 연습하다	_practice_		
05 **avoid** 동 피하다	_avoid_		
06 **finish** 동 끝내다	_finish_		
07 **pillow** 명 베개	_pillow_		
08 **fight** 명 싸움	_fight_		
09 **ski** 동 스키를 타다	_ski_		
10 **pet** 명 애완동물	_pet_		
11 **walk** 명 걷기, 산책	_walk_		
12 **older sister** 명 언니, 누나	_older sister_		
13 **spend** 동 (시간을) 보내다	_spend_		

들려주는 단어를 잘 듣고, 세 번씩 써 보세요.

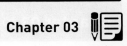 MP3 7권 단어 09

14 **free** 형 한가한	free		
15 **bother** 동 귀찮게 하다	bother		
16 **alone** 부 혼자	alone		
17 **weekend** 명 주말	weekend		
18 **race** 명 시합, 경주	race		
19 **hate** 동 싫어하다	hate		
20 **win** 동 이기다	win		
21 **exciting** 형 신나는	exciting		
22 **beach** 명 해변	beach		
23 **supermarket** 명 슈퍼마켓	supermarket		
24 **remember** 동 기억하다	remember		
25 **decide** 동 결정하다	decide		
26 **back** 부 다시	back		

단어 쓰기 연습 10

들려주는 단어를 잘 듣고, 세 번씩 써 보세요.   🎧 MP3 7권 단어 **10**

27 **join** ⑧ ~와 함께 하다	join		
28 **answer** ⑧ 대답하다	answer		
29 **afraid** ⑱ 두려운	afraid		
30 **ask** ⑧ 묻다	ask		
31 **sunbathe** ⑧ 일광욕하다	sunbathe		
32 **question** ⑲ 질문	question		
33 **street** ⑲ 길	street		
34 **breakfast** ⑲ 아침(식사)	breakfast		
35 **rise** ⑧ 뜨다	rise		
36 **fast food** ⑲ 패스트푸드	fast food		
37 **because of** ㉑ ~때문에	because of		
38 **cartoon** ⑲ 만화	cartoon		
39 **introduce** ⑧ 소개하다	introduce		

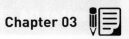

단어 쓰기 연습

들려주는 단어를 잘 듣고, 세 번씩 써 보세요.　　　　　　　　MP3 7권 단어 10

40 **herself** 때 그녀 자신	herself		
41 **believe** 동 믿다	believe		
42 **window** 명 창문	window		
43 **smile** 동 미소 짓다	smile		
44 **fence** 명 울타리	fence		
45 **top** 명 최고, 정상	top		
46 **forward** 부 앞으로	forward		
47 **drive** 동 운전하다	drive		
48 **touch** 동 만지다	touch		
49 **dirty** 형 더러운	dirty		
50 **late** 형 늦은	late		
51 **other** 형 다른	other		
52 **finish line** 명 결승선	finish line		

초3800_7_w11

단어 쓰기 연습 11

들려주는 단어를 잘 듣고, 세 번씩 써 보세요.

🎧 MP3 7권 단어 **11**

01 **surprise** 동 놀라게 하다	surprise		
02 **excite** 동 신나게 하다	excite		
03 **paint** 동 칠하다	paint		
04 **hide** 동 숨기다	hide		
05 **build** 동 짓다	build		
06 **steal** 동 훔치다	steal		
07 **fall** 동 떨어지다	fall		
08 **bore** 동 지루하게 하다	bore		
09 **tire** 동 지치게 하다	tire		
10 **shock** 동 충격을 주다	shock		
11 **interest** 동 흥미롭게 하다	interest		
12 **step** 동 밟다	step		
13 **kite** 명 연	kite		

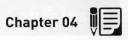
들려주는 단어를 잘 듣고, 세 번씩 써 보세요.　　　　　🎧 MP3 7권 단어 11

14 **moss** 몡 이끼	moss		
15 **gently** 톈 부드럽게	gently		
16 **floor** 몡 바닥	floor		
17 **almost** 톈 거의	almost		
18 **hurt** 동 다치게 하다	hurt		
19 **first prize** 몡 1등상	first prize		
20 **contest** 몡 대회, 시합	contest		
21 **experience** 몡 경험	experience		
22 **handwrite** 동 손으로 쓰다	handwrite		
23 **celebrate** 동 축하하다	celebrate		
24 **still** 톈 아직도	still		
25 **excited** 혱 신이 난	excited		
26 **interested** 혱 관심 있어 하는	interested		

단어 쓰기 연습 12

초3800_7_w12

들려주는 단어를 잘 듣고, 세 번씩 써 보세요.　　🎧 MP3 7권 단어 **12**

27 **interesting** 형 흥미로운	interesting		
28 **bake** 동 굽다	bake		
29 **boring** 형 지루한	boring		
30 **daughter** 명 딸	daughter		
31 **gather** 동 모으다	gather		
32 **close** 동 (눈을) 감다	close		
33 **visit** 동 구경하다, 방문하다	visit		
34 **cave** 명 동굴	cave		
35 **fill** 동 채우다	fill		
36 **ghost** 명 귀신	ghost		
37 **scared** 형 겁 먹은	scared		
38 **happen** 동 일어나다	happen		
39 **art** 명 미술	art		

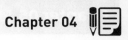
들려주는 단어를 잘 듣고, 세 번씩 써 보세요.   MP3 7권 단어 12

40 **cover** 동 덮다	cover		
41 **sell** 동 팔다	sell		
42 **wallet** 명 지갑	wallet		
43 **flea market** 명 벼룩시장	flea market		
44 **leave** 동 남기다	leave		
45 **worry** 동 걱정시키다	worry		
46 **amazing** 형 놀라운	amazing		
47 **dictionary** 명 사전	dictionary		
48 **watch** 명 (손목)시계	watch		
49 **envy** 동 부러워하다	envy		
50 **mountain** 명 산	mountain		
51 **glass** 명 유리(잔)	glass		
52 **jump rope** 명 줄넘기	jump rope		

단어 쓰기 연습 13

초3800_7_w13

들려주는 단어를 잘 듣고, 세 번씩 써 보세요. 　🎧 MP3 7권 단어 **13**

01 **ago** (부) 전에	ago		
02 **for** (전) ~동안	for		
03 **Canada** (명) 캐나다	Canada		
04 **eat** (동) 먹다	eat		
05 **change** (동) 바꾸다	change		
06 **number** (명) 번호	number		
07 **wait** (동) 기다리다	wait		
08 **Christmas** (명) 성탄절, 크리스마스	Christmas		
09 **take** (동) (사진을) 찍다	take		
10 **picture** (명) 사진	picture		
11 **awake** (형) 깨어 있는	awake		
12 **since** (전) ~이후로	since		
13 **make** (동) 만들다	make		

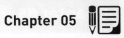

단어 쓰기 연습

들려주는 단어를 잘 듣고, 세 번씩 써 보세요.　　🎧 MP3 7권 단어 13

14 **decorate** 통 장식하다	decorate		
15 **yet** 부 아직	yet		
16 **just** 부 이제 막	just		
17 **already** 부 이미	already		
18 **spend** 통 (돈을) 쓰다	spend		
19 **all** 형 모든	all		
20 **pocket money** 명 용돈	pocket money		
21 **use** 통 쓰다, 사용하다	use		
22 **now** 부 지금	now		
23 **dialect** 명 사투리, 방언	dialect		
24 **dinosaur** 명 공룡	dinosaur		
25 **before** 부 예전에	before		
26 **fairy** 명 요정	fairy		

단어 쓰기 연습 14

초3800_7_w14

들려주는 단어를 잘 듣고, 세 번씩 써 보세요.　🎧 MP3 7권 단어 **14**

27 **be born** ⑧ 태어나다	be born		
28 **hospital** ⑲ 병원	hospital		
29 **yourself** ⑭ 너 자신	yourself		
30 **mirror** ⑲ 거울	mirror		
31 **stomachache** ⑲ 복통	stomachache		
32 **lunch** ⑲ 점심(식사)	lunch		
33 **lose** ⑧ 잃어버리다	lose		
34 **last** ⑲ 지난	last		
35 **angry** ⑲ 화난	angry		
36 **never** ⑭ 절대 ~ 않다	never		
37 **music** ⑲ 음악	music		
38 **teach** ⑧ 가르치다	teach		
39 **math** ⑲ 수학	math		

단어 쓰기 연습

들려주는 단어를 잘 듣고, 세 번씩 써 보세요.　MP3 7권 단어 **14**

40	**long** (형) 긴, 오랜	long		
41	**homeroom teacher** (명) 담임 선생님	homeroom teacher		
42	**know** (동) 알다	know		
43	**drive** (동) 운전하다	drive		
44	**brush** (동) (이를) 닦다	brush		
45	**tooth** (명) 이	tooth		
46	**week** (명) 주, 일주일	week		
47	**London** (명) 런던	London		
48	**move** (동) 이사하다	move		
49	**then** (부) 그때	then		
50	**first** (형) 첫 번째의	first		
51	**transfer** (동) 전학 가다	transfer		
52	**another** (형) (또)다른	another		

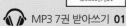

초3800_7_d1

Dictation Test 1

🎧 MP3 7권 받아쓰기 **01**

Name :   Date :   Score :   /10

[01~10] 들려주는 문장을 잘 듣고 빈칸에 알맞은 단어를 채워 보세요.

01. I like _____ _____.

나는 공부하는 것을 좋아해.

02. _____ _____ is very fun.

춤추는 것은 매우 재밌어.

03. My hobby is _____ _____ soccer.

나의 취미는 축구를 하는 거야.

04. Her dream is _____ _____ a doctor.

그녀의 꿈은 의사가 되는 거야.

05. He promised _____ _____ cry.

그는 울지 않기로 약속했어.

06. I decided _____ _____ _____ chocolate.

나는 초콜릿을 먹지 않기로 결심했어.

07. We want _____ _____ all night.

우리는 밤새도록 놀기를 원해.

08. They didn't want _____ _____ me.

그들은 나를 걱정시키는 것을 원하지 않았어.

09. _____ _____ a bicycle is his hobby.

자전거를 타는 것은 그의 취미야.

10. It is dangerous _____ _____.

서두르는 것은 위험해.

Dictation Test 2

초3800_7_d2

🎧 MP3 7권 받아쓰기 **02**

딕테이션 테스트

| Name : | Date : | Score : | /10 |

[01~10] 들려주는 문장을 잘 듣고 빈칸에 알맞은 단어를 채워 보세요.

01. Mina hopes _____ _____ late on Sunday.

미나는 일요일에 늦게까지 자기를 희망해.

02. _____ _____ a diary is interesting.

일기를 쓰는 것은 재미있어.

03. His dream is _____ _____ a scientist.

그의 꿈은 과학자가 되는 거야.

04. She likes _____ _____ books at home.

그녀는 집에서 책 읽는 것을 좋아해.

05. I want _____ _____ friends with Sihu.

나는 시후와 친구가 되기를 원해.

06. _____ _____ friends is not easy.

친구를 만드는 것은 쉽지 않아.

07. They like _____ _____ by train.

그들은 기차로 여행하는 것을 좋아해.

08. _____ _____ water is important.

물을 마시는 것은 중요해.

09. Do you want _____ _____ to my birthday party?

너는 내 생일 파티에 오는 것을 원하니?

10. We want _____ _____ to him.

우리는 그에게 말을 걸기를 원해.

🔍 정답 p.236

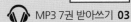

Dictation Test 3

🎧 MP3 7권 받아쓰기 **03**

Name :　　　　　　　　Date :　　　　　　　　Score :　　　　　/10

[01~10] 들려주는 문장을 잘 듣고 빈칸에 알맞은 단어를 채워 보세요.

01. They need some time ＿＿＿＿＿＿＿＿ ＿＿＿＿＿＿＿＿.

그들은 놀 시간이 좀 필요해.

02. I am glad ＿＿＿＿＿＿＿＿ ＿＿＿＿＿＿＿＿ my friends.

나는 나의 친구들을 봐서 기뻐.

03. There is lots of food ＿＿＿＿＿＿＿＿ ＿＿＿＿＿＿＿＿.

먹을 음식이 많이 있어.

04. We go to school ＿＿＿＿＿＿＿＿ ＿＿＿＿＿＿＿＿.

우리는 공부하기 위해서 학교에 가.

05. He studies ＿＿＿＿＿＿＿＿ ＿＿＿＿＿＿＿＿ the exam.

그는 시험을 통과하기 위해서 공부해.

06. I'm happy ＿＿＿＿＿＿＿＿ ＿＿＿＿＿＿＿＿ with you.

나는 너와 함께 있어서 기뻐.

07. She has lots of homework ＿＿＿＿＿＿＿＿ ＿＿＿＿＿＿＿＿.

그녀는 할 숙제가 많아.

08. It's time ＿＿＿＿＿＿＿＿ ＿＿＿＿＿＿＿＿ this!

이걸 끝낼 시간이야!

09. Junwoo doesn't have time ＿＿＿＿＿＿＿＿ ＿＿＿＿＿＿＿＿ me.

준우는 나를 도와줄 시간이 없어.

10. I am happy ＿＿＿＿＿＿＿＿ ＿＿＿＿＿＿＿＿ home!

나는 집에 와서 행복해!

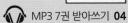

Dictation Test 4

🎧 MP3 7권 받아쓰기 **04**

딕 테 이 션 테 스 트

Name :   Date :   Score :   /10

[01~10] 들려주는 문장을 잘 듣고 빈칸에 알맞은 단어를 채워 보세요.

01. I'm here _____ _____ the king.
    나는 왕을 만나기 위해 이곳에 왔어요.

02. We have no rice _____ _____ you!
    우리는 너에게 줄 쌀이 없어!

03. It's a chance _____ _____ the limits!
    그건 한계를 시험할 기회야!

04. It's time _____ _____ the class.
    수업을 시작할 시간이야.

05. I am glad _____ _____ you.
    나는 너를 도와서 기뻐.

06. We don't have time _____ _____ shopping.
    우리는 쇼핑하러 갈 시간이 없어.

07. It is kind of you _____ _____ me!
    나를 도와주다니 너 참 친절하구나!

08. Mina was very glad _____ _____ the news.
    미나는 그 소식을 듣고 매우 기뻤어.

09. He has a secret _____ _____ you.
    그는 너에게 말해줄 비밀이 있어.

10. They came _____ _____ hello to you.
    그들은 너에게 인사하기 위해 왔어.

🔍 정답 p.236

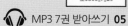

Dictation Test 5

🎧 MP3 7권 받아쓰기 05

Name :   Date :   Score :   /10

[01~10] 들려주는 문장을 잘 듣고 빈칸에 알맞은 단어를 채워 보세요.

01. Sihu likes _____ a raincoat.

시후는 비옷을 입는 걸 좋아해.

02. She hates _____.

그녀는 거짓말하는 걸 싫어해.

03. I enjoy _____ soccer.

나는 축구하는 걸 좋아해.

04. _____ math is difficult.

수학을 공부하는 것은 어려워.

05. I'm good at _____ lots.

나는 제비뽑기를 잘해.

06. _____ fun of your friends is wrong.

너의 친구들을 놀리는 것은 나빠.

07. I am tired of _____ this game.

나는 이 게임을 하는 게 싫증나.

08. Do you feel like _____ a movie?

너는 영화를 보고 싶니?

09. He is good at _____ high.

그는 높게 뛰는 걸 잘해.

10. My hobby is _____.

내 취미는 수영하는 거야.

Dictation Test 6

🎧 MP3 7권 받아쓰기 **06**

딕테이션테스트

Name :   Date :   Score :   /10

[01~10] 들려주는 문장을 잘 듣고 빈칸에 알맞은 단어를 채워 보세요.

01. I am poor at _____ English.

나는 영어로 말하는 걸 잘 못해.

02. She loves _____ with her puppy.

그녀는 그녀의 강아지와 함께 노는 것을 아주 좋아해.

03. Stop _____ with your brother!

너의 남동생과 싸우는 걸 멈춰! (너의 남동생과 그만 싸워!)

04. Would you mind _____ our photograph?

우리의 사진을 좀 찍어주시겠어요?

05. Thank you for _____ me.

나를 이해해줘서 고마워.

06. We like _____ cartoons.

우리는 만화를 그리는 걸 좋아해.

07. My dream is _____ a scientist.

나의 꿈은 과학자가 되는 거야.

08. They keep _____.

그들은 계속 걸어.

09. I finished _____ the book.

나는 그 책을 다 읽었어.

10. How about _____ dinner together?

함께 저녁 먹는 게 어때?

🔍 정답 p.236

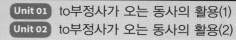

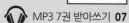

Dictation Test 7

🎧 MP3 7권 받아쓰기 **07**

Name :	Date :	Score :	/10

[01~10] 들려주는 문장을 잘 듣고 빈칸에 알맞은 단어를 채워 보세요.

01. I _____ _____ play soccer after school.

나는 방과 후에 축구를 할 계획이야.

02. She needs _____ _____ a break.

그녀는 휴식하는 것이 필요해.

03. He _____ to cook.

그는 요리하는 것을 배워.

04. I _____ to go to an audition.

나는 오디션에 가기로 결심했어.

05. Mina tried _____ _____ pancakes.

미나는 팬케이크를 만들려고 노력했어.

06. We forgot _____ _____ our math homework.

우리는 수학숙제를 하는 것을 깜빡했어.

07. I want _____ _____ you something.

너에게 무언가를 보여주고 싶어.

08. We _____ to give you one.

우리는 너에게 하나를 준다고 약속할게.

09. She likes _____ _____ "Boni Hani".

그녀는 '보니하니'를 보는 것을 좋아해.

10. I need _____ _____ my homework by 6 p.m.

나는 오후 여섯시까지 내 숙제를 끝내야 해.

💿 정답 p.236

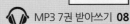
Dictation Test 8

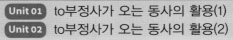 MP3 7권 받아쓰기 **08**

딕테이션 테스트

Name :   Date :   Score :   /10

[01~10] 들려주는 문장을 잘 듣고 빈칸에 알맞은 단어를 채워 보세요.

01. He needed _____ _____ some money.

그는 돈을 조금 모아야 했어.

02. Hani decided _____ _____ the program.

하니는 그 프로그램을 떠나기로 결심했어.

03. I _____ _____ tell you this.

나는 너에게 이것을 얘기하는 게 싫어.

04. I _____ _____ play outside.

나는 밖에서 놀고 싶어.

05. My phone began _____ _____ .

내 전화가 울리기 시작했어.

06. I would like _____ _____ alone!

나는 혼자 있고 싶어!

07. Mom agreed _____ _____ out.

엄마는 외식하는 것에 동의하셨어.

08. I choose _____ _____ a hamburger.

나는 햄버거 하나를 먹기를 선택해.

09. Mina always wanted _____ _____ Hani.

미나는 항상 하니가 되고 싶어 했어.

10. Mom refused _____ _____ me.

엄마는 나를 용서해주기를 거절하셨어.

정답 p.236

Dictation Test • **215**

초3800_7_d9

Dictation Test 9

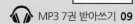 MP3 7권 받아쓰기 **09**

Name :   Date :   Score :   /10

[01~10] 들려주는 문장을 잘 듣고 빈칸에 알맞은 단어를 채워 보세요.

01. I enjoy _____ TV.

나는 TV보는 것을 즐겨.

02. Sihu keeps _____ for the English exam.

시후는 영어 시험을 위해 계속 공부해.

03. They finished _____ the room.

그들은 그 방을 청소하는 것을 끝냈어.

04. He _____ _____ studying.

그는 공부하는 것을 포기했어.

05. How about _____ for a walk?

산책하러 가는 게 어때?

06. My mom and I will go _____.

엄마와 나는 쇼핑을 하러 갈 거야.

07. I look forward to _____ a pet.

나는 애완동물을 사는 것을 기대해.

08. My older sister _____ her free time _____.

나의 언니는 그녀의 휴식시간을 요리하는 데 보내.

09. He _____ _____ alone.

그는 혼자 자는 것을 꺼려.

10. I will _____ practicing.

나는 계속 연습할 거야.

정답 p.236

Dictation Test 10

 MP3 7권 받아쓰기 **10**

딕테이션 테스트

Name :   Date :   Score :   /10

[01~10] 들려주는 문장을 잘 듣고 빈칸에 알맞은 단어를 채워 보세요.

01. Don't _____ _____ questions.

질문하는 것을 멈추지 마세요.

02. The moon started _____.

달이 뜨기 시작했어.

03. I remember _____ that movie last year.

나는 작년에 저 영화를 봤던 걸 기억해.

04. Mom minds _____ the car.

엄마는 운전하는 것을 꺼리셔.

05. I can't stop _____ because of this cartoon.

나는 이 만화 때문에 미소 짓는 것을 멈출 수 없어.

06. She _____ _____ every day.

그녀는 매일 수영하러 가.

07. I am sorry for _____ late.

늦어서 미안해.

08. I'm used to _____ yoga.

나는 요가를 하는 것에 익숙해.

09. She was looking forward _____ _____ to the beach.

그녀는 해변에 가는 것을 기대하고 있었어.

10. What about _____ to see a movie?

영화를 보러 가는 게 어때?

정답 p.236

Dictation Test • **217**

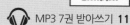

초3800_7_d11

Dictation Test 11

MP3 7권 받아쓰기 11

Name :   Date :   Score :   /10

[01~10] 들려주는 문장을 잘 듣고 빈칸에 알맞은 단어를 채워 보세요.

01. The movie was _____.

그 영화는 지루했어.

02. He was _____ with the movie.

그는 그 영화를 지루해했어.

03. I was _____!

나는 놀랐어!

04. It was _____.

그것은 충격적이었어.

05. We're _____ in the park!

우리는 공원에서 걷고 있어!

06. I am _____ about him.

나는 그가 걱정스러워.

07. Mina is _____ in dance.

미나는 춤에 관심 있어.

08. Mina is still _____.

미나는 아직도 신이 났어.

09. Do you see the _____ girl over there?

너 저기에서 춤추고 있는 소녀 보이니?

10. The book was _____.

그 책은 흥미로웠어.

Dictation Test 12

🎧 MP3 7권 받아쓰기 **12**

초3800_7_d12

Name : 　　　　　　　Date : 　　　　　　　Score : 　　　/10

[01~10] 들려주는 문장을 잘 듣고 빈칸에 알맞은 단어를 채워 보세요.

01. The _____ dog is very cute.

그 잠자고 있는 개는 매우 귀여워.

02. The news was _____.

그 소식은 놀라웠어.

03. Junwoo found his _____ bag!

준우는 그의 도둑맞은 가방을 찾았어!

04. Look at the girl _____ to music.

음악을 듣고 있는 그 소녀를 봐.

05. I kept my eyes _____.

나는 눈을 감고 있었어.

06. We watched the _____ sun.

우리는 떠오르는 태양을 봤어.

07. Today's dinner is _____ potatoes.

오늘의 저녁식사는 구운 감자야.

08. You can see _____ butterflies.

너는 날고 있는 나비들을 볼 수 있어.

09. This is a book _____ in Chinese.

이것은 중국어로 쓰인 책이야.

10. The children are _____ snowmen.

아이들은 눈사람들을 만들고 있어.

초3800_7_d13

Dictation Test 13

MP3 7권 받아쓰기 **13**

Name :   Date :   Score :   /10

[01~10] 들려주는 문장을 잘 듣고 빈칸에 알맞은 단어를 채워 보세요.

01. Mina _____ _____ in France for three years.

     미나는 3년 째 프랑스에 살고 있어.

02. He has _____ _____ the movie before.

     그는 전에 그 영화를 본 적이 없어.

03. We have lived here _____ ten years.

     우리는 이곳에 10년 째 살고 있다.

04. She has _____ English since last year.

     그녀는 작년부터 영어를 공부해 왔다.

05. He _____ already _____ all his pocket money.

     그는 이미 그의 모든 용돈을 다 써버렸어.

06. Mina _____ _____ chocolates for four hours.

     미나는 4시간 동안 초콜릿을 만들고 있어.

07. She _____ _____ happy all day.

     그녀는 하루 종일 행복했어.

08. How long have you _____ a dialect?

     너는 얼마나 오랫동안 사투리를 썼니?

09. _____ you ever _____ a fairy?

     요정을 본 적 있나요?

10. I have _____ _____ it before.

     나는 그것을 전에 한 번도 본 적이 없어.

Dictation Test 14

MP3 7권 받아쓰기 **14**

초3800_7_d14

딕테이션테스트

Name : 　　　　　　　　Date : 　　　　　　　　Score : 　　　/10

[01~10] 들려주는 문장을 잘 듣고 빈칸에 알맞은 단어를 채워 보세요.

01. _____ you _____ lunch?

너는 점심을 먹었니?

02. I _____ a new smartphone two days _____.

나는 이틀 전에 새 스마트폰을 샀어.

03. I _____ _____ it.

나는 그것을 잃어버렸어. (그래서 지금 갖고 있지 않아.)

04. Her mother _____ angry.

그녀의 어머니는 화나셨어.

05. _____ you ever _____ that movie?

너는 저 영화를 본 적 있니?

06. I _____ the dishes yesterday!

나는 어제 설거지를 했어!

07. _____ he _____ TV since then?

그는 그 이후로 계속 TV를 봤니?

08. _____ you _____ fishing last Saturday?

너는 지난 토요일에 낚시하러 갔니?

09. It _____ _____ since last night.

어젯밤부터 계속 비가 오고 있어.

10. He has lived in Seoul _____ 2000.

그는 2000년 이후로 계속 서울에 살고 있어.

정답 p.236

단어테스트 1

다음 한글 뜻을 보고 영어 표현을 적으세요.　　Name :　　　　Date :　　　　Score :　　/26

01 　　　　　　　　명 교과서

02 　　　　　　　　동 약속하다

03 　　　　　　　　동 결심하다

04 　　　　　　　　형 쉬운

05 　　　　　　　　명 버스

06 　　　　　　　　형 지루한

07 　　　　　　　　명 취미

08 　　　　　　　　명 일기

09 　　　　　　　　형 재미있는

10 　　　　　　　　동 모으다

11 　　　　　　　　동 기쁘게 하다

12 　　　　　　　　형 신나는

13 　　　　　　　　명 사실

14 　　　　　　　　형 부끄러운

15 　　　　　　　　명 접촉

16 　　　　　　　　동 ~와 함께 하다

17 　　　　　　　　동 축하하다

18 　　　　　　　　명 방법

19 　　　　　　　　명 보드게임

20 　　　　　　　　형 놀란

21 　　　　　　　　형 (소리가) 큰

22 　　　　　　　　명 웃음소리

23 　　　　　　　　형 건강한

24 　　　　　　　　동 꾸짖다

25 　　　　　　　　동 걱정시키다

26 　　　　　　　　부 조용히

단어테스트 2

다음 한글 뜻을 보고 영어 표현을 적으세요.   Name :   Date :   Score :   /26

01   동 (체중을) 줄이다

02   명 몸무게

03   명 서랍

04   동 숨기다

05   동 애쓰다

06   형 아주 작은

07   명 조각

08   동 알아차리다

09   동 눕다

10   명 잔디

11   명 휴식

12   동 타다

13   명 자전거

14   명 과학자

15   형 중요한

16   동 들어오다

17   동 구출하다

18   명 성

19   명 이유

20   동 ~할 자격이 있다

21   명 상

22   동 상상하다

23   명 미래

24   동 배우다

25   명 결정

26   동 여행하다

단어테스트 3

다음 한글 뜻을 보고 영어 표현을 적으세요.   Name :   Date :   Score :   /26

01   [   ] 동 필요하다

02   [   ] 명 숙제

03   [   ] 동 마시다

04   [   ] 명 용기

05   [   ] 동 시도하다

06   [   ] 동 통과하다

07   [   ] 명 시험

08   [   ] 형 기쁜

09   [   ] 동 돕다

10   [   ] 명 비밀

11   [   ] 명 용돈

12   [   ] 명 물고기

13   [   ] 동 뛰다

14   [   ] 명 항아리

15   [   ] 동 엉망으로 만들다

16   [   ] 형 불가능한

17   [   ] 명 공항

18   [   ] 형 어려운

19   [   ] 동 자다

20   [   ] 동 방해하다

21   [   ] 명 계획

22   [   ] 동 기억하다

23   [   ] 동 집중하다

24   [   ] 명 시

25   [   ] 동 끝내다

26   [   ] 동 잊다

단어테스트 4

다음 한글 뜻을 보고 영어 표현을 적으세요.   Name :   Date :   Score :   /26

01 　　　　　　　　　 형 슬픈

02 　　　　　　　　　 형 친절한

03 　　　　　　　　　 동 유지하다, 지키다

04 　　　　　　　　　 명 숲

05 　　　　　　　　　 동 저장하다

06 　　　　　　　　　 명 소설

07 　　　　　　　　　 동 선택하다

08 　　　　　　　　　 동 청소하다

09 　　　　　　　　　 명 화장실

10 　　　　　　　　　 동 가져오다

11 　　　　　　　　　 명 간

12 　　　　　　　　　 명 기회

13 　　　　　　　　　 명 한계

14 　　　　　　　　　 동 시험해보다

15 　　　　　　　　　 동 구하다

16 　　　　　　　　　 명 수업

17 　　　　　　　　　 명 꿈

18 　　　　　　　　　 동 소리 지르다

19 　　　　　　　　　 형 중고의

20 　　　　　　　　　 명 균형

21 　　　　　　　　　 동 동의하다

22 　　　　　　　　　 명 꽃가게

23 　　　　　　　　　 명 팬케이크

24 　　　　　　　　　 명 밀가루

25 　　　　　　　　　 동 투표하다

26 　　　　　　　　　 명 팀장

🔍 정답 p.236

단어테스트 5

다음 한글 뜻을 보고 영어 표현을 적으세요.　　Name :　　　　Date :　　　　Score :　　/26

01 ☐　동 타다

02 ☐　동 입다

03 ☐　동 즐기다

04 ☐　동 싫어하다

05 ☐　동 바꾸다

06 ☐　명 우비, 비옷

07 ☐　명 희망사항

08 ☐　형 긴장한

09 ☐　동 도전하다

10 ☐　동 더 좋아하다

11 ☐　전 ~하지 않고

12 ☐　동 웃다

13 ☐　전 ~에 대해

14 ☐　동 놀리다

15 ☐　명 잘못

16 ☐　형 지친, 싫증난

17 ☐　동 누르다

18 ☐　명 버튼, 단추

19 ☐　동 (휴식을) 취하다

20 ☐　명 휴식

21 ☐　형 가장 좋아하는

22 ☐　동 꺼리다

23 ☐　동 비행하다

24 ☐　전 ~로부터

25 ☐　형 비싼

26 ☐　부 높이

단어테스트 6

다음 한글 뜻을 보고 영어 표현을 적으세요.   Name :   Date :   Score :   /26

01 ⬜ 동 이야기하다

02 ⬜ 명 등

03 ⬜ 동 떨어뜨리다

04 ⬜ 명 실수

05 ⬜ 동 감사하다

06 ⬜ 형 잘 못하는

07 ⬜ 명 말

08 ⬜ 명 사진

09 ⬜ 동 이해하다

10 ⬜ 동 그리다

11 ⬜ 명 만화

12 ⬜ 동 외식하다

13 ⬜ 명 행복

14 ⬜ 동 ~이 되다

15 ⬜ 형 걱정하는

16 ⬜ 동 유지하다, 계속 ~하다

17 ⬜ 명 숨바꼭질

18 ⬜ 명 낮잠

19 ⬜ 명 습관

20 ⬜ 동 숨다

21 ⬜ 전 ~아래에

22 ⬜ 명 의자

23 ⬜ 명 균형

24 ⬜ 명 영화

25 ⬜ 부 함께

26 ⬜ 형 낮은

정답 p.237

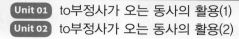
단어테스트 7

다음 한글 뜻을 보고 영어 표현을 적으세요.   Name :   Date :   Score :   /26

01 _____ 동 바라다

02 _____ 동 기대하다

03 _____ 동 계획하다

04 _____ 동 필요로 하다

05 _____ 동 선택하다

06 _____ 동 동의하다

07 _____ 동 약속하다

08 _____ 동 거절하다

09 _____ 동 ~한 척하다

10 _____ 동 실패하다

11 _____ 동 배우다

12 _____ 동 풀다

13 _____ 명 문제

14 _____ 동 시작하다

15 _____ 동 거짓말하다

16 _____ 조 ~할지도 모른다

17 _____ 명 도둑

18 _____ 동 잊다

19 _____ 동 짖다

20 _____ 동 열다

21 _____ 동 불다

22 _____ 명 비누

23 _____ 명 방울, 거품

24 _____ 동 모으다

25 _____ 명 간식

26 _____ 전 ~까지

단어테스트 8

다음 한글 뜻을 보고 영어 표현을 적으세요.   Name :   Date :   Score :   /26

단어테스트

01 [   ] 몡 끝, 말

02 [   ] 동 떠나다

03 [   ] 몡 프로그램

04 [   ] 몡 오디션

05 [   ] 동 연습하다

06 [   ] 부 몰래

07 [   ] 부 밖에서

08 [   ] 동 떠오르다

09 [   ] 전 ~전에

10 [   ] 몡 일몰

11 [   ] 동 울리다

12 [   ] 동 잠그다

13 [   ] 동 들어가다

14 [   ] 동 혼내다

15 [   ] 혱 옳은, 올바른

16 [   ] 몡 이유

17 [   ] 전 ~사이에서

18 [   ] 혱 잘못된, 옳지 않은

19 [   ] 몡 당근

20 [   ] 동 머물다

21 [   ] 몡 가치

22 [   ] 동 용서하다

23 [   ] 동 불평하다

24 [   ] 혱 혼자의

25 [   ] 몡 피겨 스케이터

26 [   ] 동 생각하다

단어테스트 9

다음 한글 뜻을 보고 영어 표현을 적으세요. Name : Date : Score : /26

01 ⬚ 동 즐기다

02 ⬚ 동 꺼려하다

03 ⬚ 동 계속 ~하다

04 ⬚ 동 연습하다

05 ⬚ 동 피하다

06 ⬚ 동 끝내다

07 ⬚ 명 베개

08 ⬚ 명 싸움

09 ⬚ 동 스키를 타다

10 ⬚ 명 애완동물

11 ⬚ 명 걷기, 산책

12 ⬚ 명 언니, 누나

13 ⬚ 동 (시간을) 보내다

14 ⬚ 형 한가한

15 ⬚ 동 귀찮게 하다

16 ⬚ 부 혼자

17 ⬚ 명 주말

18 ⬚ 명 시합, 경주

19 ⬚ 동 싫어하다

20 ⬚ 동 이기다

21 ⬚ 형 신나는

22 ⬚ 명 해변

23 ⬚ 명 슈퍼마켓

24 ⬚ 동 기억하다

25 ⬚ 동 결정하다

26 ⬚ 부 다시

단어테스트 10

다음 한글 뜻을 보고 영어 표현을 적으세요.   Name :   Date :   Score :   /26

01 　　　　　　　　　　　　동 ~와 함께 하다

02 　　　　　　　　　　　　동 대답하다

03 　　　　　　　　　　　　형 두려운

04 　　　　　　　　　　　　동 묻다

05 　　　　　　　　　　　　동 일광욕하다

06 　　　　　　　　　　　　명 질문

07 　　　　　　　　　　　　명 길

08 　　　　　　　　　　　　명 아침(식사)

09 　　　　　　　　　　　　동 뜨다

10 　　　　　　　　　　　　명 패스트푸드

11 　　　　　　　　　　　　전 ~때문에

12 　　　　　　　　　　　　명 만화

13 　　　　　　　　　　　　동 소개하다

14 　　　　　　　　　　　　대 그녀 자신

15 　　　　　　　　　　　　동 믿다

16 　　　　　　　　　　　　명 창문

17 　　　　　　　　　　　　동 미소 짓다

18 　　　　　　　　　　　　명 울타리

19 　　　　　　　　　　　　명 최고, 정상

20 　　　　　　　　　　　　부 앞으로

21 　　　　　　　　　　　　동 운전하다

22 　　　　　　　　　　　　동 만지다

23 　　　　　　　　　　　　형 더러운

24 　　　　　　　　　　　　형 늦은

25 　　　　　　　　　　　　형 다른

26 　　　　　　　　　　　　명 결승선

정답 p.237

단어테스트 11

다음 한글 뜻을 보고 영어 표현을 적으세요.　Name :　Date :　Score :　/26

01 　　　　　　　 동 놀라게 하다

02 　　　　　　　 동 신나게 하다

03 　　　　　　　 동 칠하다

04 　　　　　　　 동 숨기다

05 　　　　　　　 동 짓다

06 　　　　　　　 동 훔치다

07 　　　　　　　 동 떨어지다

08 　　　　　　　 동 지루하게 하다

09 　　　　　　　 동 지치게 하다

10 　　　　　　　 동 충격을 주다

11 　　　　　　　 동 흥미롭게 하다

12 　　　　　　　 동 밟다

13 　　　　　　　 명 연

14 　　　　　　　 명 이끼

15 　　　　　　　 부 부드럽게

16 　　　　　　　 명 바닥

17 　　　　　　　 부 거의

18 　　　　　　　 동 다치게 하다

19 　　　　　　　 명 1등상

20 　　　　　　　 명 대회, 시합

21 　　　　　　　 명 경험

22 　　　　　　　 동 손으로 쓰다

23 　　　　　　　 동 축하하다

24 　　　　　　　 부 아직도

25 　　　　　　　 형 신이 난

26 　　　　　　　 형 관심 있어 하는

단어테스트 12

다음 한글 뜻을 보고 영어 표현을 적으세요.　Name :　　Date :　　Score :　/26

01 　　　　　　　 형 흥미로운

02 　　　　　　　 동 굽다

03 　　　　　　　 형 지루한

04 　　　　　　　 명 딸

05 　　　　　　　 동 모으다

06 　　　　　　　 동 (눈을) 감다

07 　　　　　　　 동 구경하다, 방문하다

08 　　　　　　　 명 동굴

09 　　　　　　　 동 채우다

10 　　　　　　　 명 귀신

11 　　　　　　　 형 겁 먹은

12 　　　　　　　 동 일어나다

13 　　　　　　　 명 미술

14 　　　　　　　 동 덮다

15 　　　　　　　 동 팔다

16 　　　　　　　 명 지갑

17 　　　　　　　 명 벼룩시장

18 　　　　　　　 동 남기다

19 　　　　　　　 동 걱정시키다

20 　　　　　　　 형 놀라운

21 　　　　　　　 명 사전

22 　　　　　　　 명 (손목)시계

23 　　　　　　　 동 부러워하다

24 　　　　　　　 명 산

25 　　　　　　　 명 유리(잔)

26 　　　　　　　 명 줄넘기

단어테스트 13

다음 한글 뜻을 보고 영어 표현을 적으세요.   Name :   Date :   Score :   /26

01 　　　　　　　　 부 전에

02 　　　　　　　　 전 ~동안

03 　　　　　　　　 명 캐나다

04 　　　　　　　　 동 먹다

05 　　　　　　　　 동 바꾸다

06 　　　　　　　　 명 번호

07 　　　　　　　　 동 기다리다

08 　　　　　　　　 명 성탄절, 크리스마스

09 　　　　　　　　 동 (사진을) 찍다

10 　　　　　　　　 명 사진

11 　　　　　　　　 형 깨어 있는

12 　　　　　　　　 전 ~이후로

13 　　　　　　　　 동 만들다

14 　　　　　　　　 동 장식하다

15 　　　　　　　　 부 아직

16 　　　　　　　　 부 이제 막

17 　　　　　　　　 부 이미

18 　　　　　　　　 동 (돈을) 쓰다

19 　　　　　　　　 형 모든

20 　　　　　　　　 명 용돈

21 　　　　　　　　 동 쓰다, 사용하다

22 　　　　　　　　 부 지금

23 　　　　　　　　 명 사투리, 방언

24 　　　　　　　　 명 공룡

25 　　　　　　　　 부 예전에

26 　　　　　　　　 명 요정

단어테스트 14

다음 한글 뜻을 보고 영어 표현을 적으세요.　　Name :　　Date :　　Score :　　/26

01 ⬚　동 태어나다

02 ⬚　명 병원

03 ⬚　대 너 자신

04 ⬚　명 거울

05 ⬚　명 복통

06 ⬚　명 점심(식사)

07 ⬚　동 잃어버리다

08 ⬚　형 지난

09 ⬚　형 화난

10 ⬚　부 절대 ~ 않다

11 ⬚　명 음악

12 ⬚　동 가르치다

13 ⬚　명 수학

14 ⬚　형 긴, 오랜

15 ⬚　명 담임 선생님

16 ⬚　동 알다

17 ⬚　동 운전하다

18 ⬚　동 (이를) 닦다

19 ⬚　명 이

20 ⬚　명 주, 일주일

21 ⬚　명 런던

22 ⬚　동 이사하다

23 ⬚　부 그때

24 ⬚　형 첫 번째의

25 ⬚　동 전학 가다

26 ⬚　형 (또)다른

🔍 정답 p.237

Dictation Test 1
01. to, study
02. To, dance
03. to, play
04. to, be
05. not, to
06. not, to, eat
07. to, play
08. to, worry
09. To, ride
10. to, hurry

Dictation Test 2
01. to, sleep
02. To, keep
03. to, be
04. to, read
05. to, be
06. To, make
07. to, travel
08. To, drink
09. to, come
10. to, talk

Dictation Test 3
01. to, play
02. to, see
03. to, eat
04. to, study
05. to, pass
06. to, be
07. to, do
08. to, finish
09. to, help
10. to, be

Dictation Test 4
01. to, meet
02. to, give
03. to, test
04. to, start
05. to, help
06. to, go
07. to, help
08. to, hear
09. to, tell
10. to, say

Dictation Test 5
01. wearing
02. lying
03. playing
04. Studying
05. drawing
06. Making
07. playing
08. seeing
09. jumping
10. swimming

Dictation Test 6
01. speaking
02. playing
03. fighting
04. taking
05. understanding
06. drawing
07. becoming
08. walking
09. reading
10. having

Dictation Test 7
01. plan, to
02. to, take
03. learns
04. decided
05. to, make
06. to, do
07. to, show
08. promise
09. to, watch
10. to, finish

Dictation Test 8
01. to, save
02. to, leave
03. hate, to
04. want, to
05. to, ring
06. to, be
07. to, eat
08. to, eat
09. to, be
10. to, forgive

Dictation Test 9
01. watching
02. studying
03. cleaning
04. gave, up
05. going
06. shopping
07. buying
08. spends, cooking
09. minds, sleeping
10. keep

Dictation Test 10
01. stop, asking
02. rising
03. watching
04. driving
05. smiling
06. goes, swimming
07. being
08. doing
09. to, going
10. going

Dictation Test 11
01. boring
02. bored
03. surprised
04. shocking
05. walking
06. worried
07. interested
08. excited
09. dancing
10. interesting

Dictation Test 12
01. sleeping
02. surprising
03. stolen
04. listening
05. closed
06. rising
07. baked
08. flying
09. written
10. making

Dictation Test 13
01. has, lived
02. not, seen
03. for
04. studied
05. has, spent
06. has, made
07. has, been
08. used
09. Have, seen
10. never, seen

Dictation Test 14
01. Did, eat
02. bought, ago
03. have, lost
04. got
05. Have, seen
06. washed
07. Has, watched
08. Did, go
09. has, rained
10. since

단어테스트 1
01. textbook
02. promise
03. decide
04. easy
05. bus
06. boring
07. hobby
08. diary
09. interesting
10. save
11. please
12. exciting
13. fact
14. shy
15. contact
16. join
17. celebrate
18. way
19. board game
20. surprised
21. loud
22. laughter
23. healthy
24. scold
25. worry
26. quietly

단어테스트 2
01. lose
02. weight
03. drawer
04. hide
05. try
06. tiny
07. piece
08. notice
09. lie
10. grass
11. rest
12. ride
13. bicycle
14. scientist
15. important
16. enter
17. rescue
18. castle
19. reason
20. deserve
21. prize
22. imagine
23. future
24. learn
25. decision
26. travel

단어테스트 3
01. need
02. homework
03. drink
04. courage
05. try
06. pass
07. exam
08. glad
09. help
10. secret
11. pocket money
12. fish
13. jump
14. jar
15. mess
16. impossible
17. airport
18. difficult
19. sleep
20. bother
21. plan
22. remember
23. focus
24. poem
25. finish
26. forget

단어테스트 4
01. sad
02. kind
03. keep
04. forest
05. store
06. novel
07. choose

08. clean
09. bathroom
10. bring
11. liver
12. chance
13. limit
14. test
15. save
16. class
17. dream
18. yell
19. used
20. balance
21. agree
22. flower shop
23. pancake
24. flour
25. vote
26. team leader

08. photograph
09. understand
10. draw
11. cartoon
12. eat out
13. happiness
14. become
15. worried
16. keep
17. hide-and-seek
18. nap
19. habit
20. hide
21. under
22. chair
23. balance
24. movie
25. together
26. low

08. rise
09. before
10. sunset
11. ring
12. lock
13. enter
14. scold
15. right
16. reason
17. between
18. wrong
19. carrot
20. stay
21. value
22. forgive
23. complain
24. alone
25. figure skater
26. think

08. breakfast
09. rise
10. fast food
11. because of
12. cartoon
13. introduce
14. herself
15. believe
16. window
17. smile
18. fence
19. top
20. forward
21. drive
22. touch
23. dirty
24. late
25. other
26. finish line

08. cave
09. fill
10. ghost
11. scared
12. happen
13. art
14. cover
15. sell
16. wallet
17. flea market
18. leave
19. worry
20. amazing
21. dictionary
22. watch
23. envy
24. mountain
25. glass
26. jump rope

워크북 정답

단어테스트 5

01. ride
02. wear
03. enjoy
04. hate
05. change
06. raincoat
07. wish
08. nervous
09. challenge
10. prefer
11. without
12. laugh
13. about
14. tease
15. fault
16. tired
17. press
18. button
19. take
20. break
21. favorite
22. mind
23. fly
24. from
25. expensive
26. high

단어테스트 7

01. wish
02. expect
03. plan
04. need
05. choose
06. agree
07. promise
08. refuse
09. pretend
10. fail
11. learn
12. solve
13. problem
14. begin
15. lie
16. may
17. thief
18. forget
19. bark
20. open
21. blow
22. soap
23. bubble
24. collect
25. snack
26. by

단어테스트 9

01. enjoy
02. mind
03. keep
04. practice
05. avoid
06. finish
07. pillow
08. fight
09. ski
10. pet
11. walk
12. older sister
13. spend
14. free
15. bother
16. alone
17. weekend
18. race
19. hate
20. win
21. exciting
22. beach
23. supermarket
24. remember
25. decide
26. back

단어테스트 11

01. surprise
02. excite
03. paint
04. hide
05. build
06. steal
07. fall
08. bore
09. tire
10. shock
11. interest
12. step
13. kite
14. moss
15. gently
16. floor
17. almost
18. hurt
19. first prize
20. contest
21. experience
22. handwrite
23. celebrate
24. still
25. excited
26. interested

단어테스트 13

01. ago
02. for
03. Canada
04. eat
05. change
06. number
07. wait
08. Christmas
09. take
10. picture
11. awake
12. since
13. make
14. decorate
15. yet
16. just
17. already
18. spend
19. all
20. pocket money
21. use
22. now
23. dialect
24. dinosaur
25. before
26. fairy

단어테스트 6

01. talk
02. back
03. drop
04. mistake
05. thank
06. poor
07. horse

단어테스트 8

01. end
02. leave
03. program
04. audition
05. practice
06. secretly
07. outside

단어테스트 10

01. join
02. answer
03. afraid
04. ask
05. sunbathe
06. question
07. street

단어테스트 12

01. interesting
02. bake
03. boring
04. daughter
05. gather
06. close
07. visit

단어테스트 14

01. be born
02. hospital
03. yourself
04. mirror
05. stomachache
06. lunch
07. lose

08. last
09. angry
10. never
11. music
12. teach
13. math
14. long
15. homeroom teacher
16. know
17. drive
18. brush
19. tooth
20. week
21. London
22. move
23. then
24. first
25. transfer
26. another

Grammar Review

※ 정답은 뒷면(p.240)에 있습니다.

to 부정사 / 동명사

✎ **다음 괄호 안에 들어갈 알맞은 말을 고르세요.**

1 Don't forget (to bring / bringing) the book tomorrow.

2 I decided (to eat / eating) fried chicken.

3 Jane gave up (to play / playing) the piano.

4 I would like (to buy / buying) some candies.

5 He enjoys (to walk / walking) the dog.

6 Do you want (to go / going) outside?

7 How about (to dance / dancing) together?

8 My dad looks forward to (meet / meeting) you.

동명사 / 분사

✎ **다음 밑줄 친 부분의 쓰임으로 알맞은 것을 고르세요.**

1 James is not used to <u>having</u> breakfast. (동명사 / 분사)

2 I went <u>shopping</u> to buy sneakers with my mom. (동명사 / 분사)

3 She is <u>taking</u> some pictures. (동명사 / 분사)

4 My father is <u>waiting</u> for me. (동명사 / 분사)

5 Why do you keep <u>smiling</u>? (동명사 / 분사)

6 Christmas is <u>coming</u> soon. (동명사 / 분사)

7 Science is very <u>interesting</u>. (동명사 / 분사)

8 The leaves are <u>changing</u> colors. (동명사 / 분사)

그래머 리뷰

to 부정사 / 동명사

✎ 다음 괄호 안에 들어갈 알맞은 말을 고르세요.

1 Don't forget ((to bring) / bringing) the book tomorrow.

2 I decided ((to eat) / eating) fried chicken.

3 Jane gave up (to play / (playing)) the piano.

4 I would like ((to buy) / buying) some candies.

5 He enjoys (to walk / (walking)) the dog.

6 Do you want ((to go) / going) outside?

7 How about (to dance / (dancing)) together?

8 My dad looks forward to (meet / (meeting)) you.

동명사 / 분사

✎ 다음 밑줄 친 부분의 쓰임으로 알맞은 것을 고르세요.

1 James is not used to <u>having</u> breakfast.   ((동명사) / 분사)

2 I went <u>shopping</u> to buy sneakers with my mom.   ((동명사) / 분사)

3 She is <u>taking</u> some pictures.   (동명사 / (분사))

4 My father is <u>waiting</u> for me.   (동명사 / (분사))

5 Why do you keep <u>smiling</u>?   ((동명사) / 분사)

6 Christmas is <u>coming</u> soon.   (동명사 / (분사))

7 Science is very <u>interesting</u>.   (동명사 / (분사))

8 The leaves are <u>changing</u> colors.   (동명사 / (분사))

Choose and write.

알맞은 것을 보기에서 골라 빈칸에 쓰세요.

정답은 뒷면에서 확인하세요.

보기 **un   ud   ut**

1.
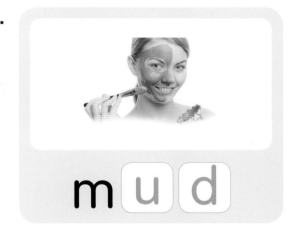

m u d

2.
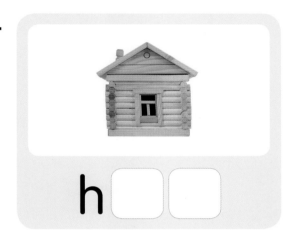

h ☐ ☐

3.

f ☐ ☐

4.

b ☐ ☐

5.
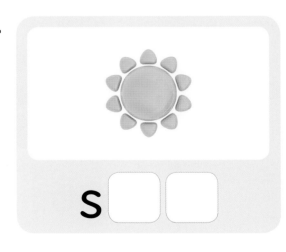

s ☐ ☐

6.

n ☐ ☐

Choose and write.

알맞은 것을 보기에서 골라 빈칸에 쓰세요.

보기 **un** **ud** **ut**

1.
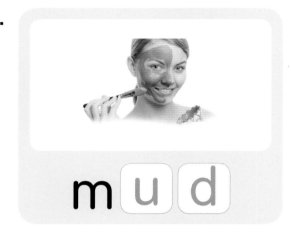
m u d

2.

h u t

3.

f u n

4.

b u d

5.

s u n

6.

n u t

MOTHERTONGUE
마더텅출판사
since1999.4.1.

초등영문법 3800제

정답과 해설

LEVEL

7

실력 1단계 to부정사 / 동명사 / 분사 / 현재완료

영문법 판매 1위,
초등 시리즈 초등영문법 3800제 동영상 강의

초등영문법에 필요한 것만 모았습니다.
영어에 대한 고민이 있으시면 저희 마더텅과 함께 하면 달라집니다.

 마더텅과 함께하는 단계별 레벨업 강의
1단계부터 8단계까지 단계별 체계적인 영문법 학습

 친절한 Q&A 게시판
친절하고 자세한 Q&A 게시판에서 강의를 수강하다 생긴 모든 궁금증을 해결

오현진 선생님
초등영문법 3800제 level 1~4

**어려운 영어를 쉬운 설명으로
쉽게 가보자!**

(현) 마더텅 고등영어 강사
(현) 대치동 새움학원 대표고등강사
(현) 강남구청 인터넷 수능 방송 강사
(현) 수박씨닷컴 중등영어 대표강사 [수강생 강의만족도 100%]

최주영 선생님
초등영문법 3800제 level 5~8

**영어, 고민하지 마시고
꽃길만 걷게 해드립니다!**

(현) 마더텅 고등영어 강사
(현) 대치동 위자듀 재수종합 독해 강사
(현) 전국 중고등학교 입시진로 강사
(전) 글로벌 1st 고등 영어 전임 감사

▶ 강의 구성

※ 강의 수, 가격 등은 당사 사정에 따라 변경될 수 있습니다.

교재명	가격	강의 수	수강 기간
초등영문법 3800제 LEVEL 1	5,900원	30강	150일(무료 수강연장 1회)
초등영문법 3800제 LEVEL 2	5,900원	26강	150일(무료 수강연장 1회)
초등영문법 3800제 LEVEL 3	5,900원	30강	150일(무료 수강연장 1회)
초등영문법 3800제 LEVEL 4	5,900원	34강	150일(무료 수강연장 1회)
초등영문법 3800제 LEVEL 5	5,900원	22강	150일(무료 수강연장 1회)
초등영문법 3800제 LEVEL 6	5,900원	23강	150일(무료 수강연장 1회)
초등영문법 3800제 LEVEL 7	5,900원	22강	150일(무료 수강연장 1회)
초등영문법 3800제 LEVEL 8	5,900원	20강	150일(무료 수강연장 1회)
초등영문법 3800제 LEVEL 1~8	39,900원	207강	365일(무료 수강연장 1회)

MOTHERTONGUE 마더텅 방송출판사 since1999.4.1. / echo study (주)에코스터디

🎧 문의전화 **1661-1064** (07:00~22:00) ✉ 문자 **010-6640-1064** (문자수신전용)   **www.toptutor.co.kr** 포털에서 마더텅 검색

※ 환불 요청 시 「학원의 설립·운영 및 과외교습에 관한 법률」에 의거하여 환불해 드립니다.

초등영문법 3800제

정답과 해설

LEVEL 7

실력 1단계

Chapter 01 to부정사

Unit 01 to부정사 만들기

Check and Write
▶ 본문 p.9

2. not to   3. To   4. to   5. to

Unit 02 to부정사의 용법(1) 명사적 용법

Check and Write
▶ 본문 p.11

2. To keep a diary is interesting / 주어
   일기를 쓰는 것은 재미있어.
3. My dream is to be a doctor / 보어
   내 꿈은 의사가 되는 거야.
4. I like to make the Christmas tree / 목적어
   나는 크리스마스 트리를 만드는 것을 좋아해.

Practice 1
▶ 본문 p.12

A 2. to buy[get]   3. to please   4. to get
  5. to like
B 1. to come   2. to do   3. to say
  4. to do   5. to make   6. to join
C 1. to celebrate   2. to play   3. to have
  4. to play   5. to hear   6. to see
  7. to scold   8. to worry

Practice 2
▶ 본문 p.14

2. I want to eat chocolate
   나는 초콜릿을 먹고 싶어.
3. Mom doesn't like to see me eating chocolate
   엄마는 내가 초콜릿을 먹는 걸 보는 것을 좋아하지 않으셔.
4. Mom put them in the drawer to hide them
   엄마가 그것들을 숨기기 위해 그것들을 서랍에 넣어두셨어.
5. I tried to eat a tiny piece
   나는 아주 작은 조각을 먹으려고 애썼어.
6. mom started to notice
7. You must learn to make decisions
   너는 결정하는 것을 배워야 한다.
8. To ride a bicycle is his hobby
   자전거 타는 것은 그의 취미야.
9. My dream is to be a scientist
   나의 꿈은 과학자가 되는 거야.
10. To drink water is important
    물 마시는 것은 중요해.
11. Mom enters my room to wake me up
    엄마는 나를 깨우기 위해 내 방에 들어오셔.
12. I hope to sleep late
13. It is so hard to wake up early
14. I came to rescue you
15. It's not a reason to fight
    그것은 싸울 이유가 아니다.
16. We ran not to be late
    우리는 늦지 않기 위해 뛰었어.
17. You deserve to win the prize
    너는 상을 탈 자격이 있어.
18. I like to imagine my future
    나는 나의 미래를 상상해보는 것을 좋아해.
19. He lay on the grass to take a rest
    그는 휴식을 취하기 위해 잔디에 누웠어.
20. They like to travel by train
    그들은 기차로 여행하는 것을 좋아해.

Practice 3
▶ 본문 p.17

2. to meet you   3. To take pictures
4. to go to Jeju Island   5. to work at home
6. to finish   7. to hurry
8. to skate   9. to eat
10. to be friends with Sihu   11. to cheer me up
12. to play with him   13. to talk to him
14. to say something   15. to make it
16. To make friends   17. to become friends
18. to play badminton   19. to be healthy
20. to pick up my books

Let's Practice More!

Set 01
▶ 본문 p.20

02. to lose   03. to drink   04. to finish
05. to buy   06. to hurry   07. to eat
08. to see   09. to please   10. to join
11. to talk   12. to eat

Set 02
▶ 본문 p.21

02. To make   03. O   04. O   05. to like
06. to do   07. O   08. to have   09. O
10. to hide   11. O   12. O   13. O
14. to drink

Set 03
▶ 본문 p.22

02. to play   03. to play   04. to go
05. to talk   06. to say   07. to work
08. to finish   09. to eat   10. to be
11. to be   12. to pick   13. to notice
14. To ride

Set 04
▶ 본문 p.23

02. 목   03. 목   04. 주   05. 주
06. 보   07. 주   08. 목   09. 주
10. 목   11. 목   12. 목

Set 05
▶ 본문 p.24

02. not to   03. to play   04. to eat   05. not to
06. not to   07. to say   08. to hurry   09. not to
10. to eat   11. not to   12. not to
13. to work   14. not to

Set 06
▶ 본문 p.25

02. not to fight   03. Not to gain   04. not to meet
05. not to say   06. not to join   07. not to lose
08. not to play   09. not to scold   10. not to eat
11. not to work   12. not to go
13. Not to hurry   14. Not to drink

Set 07 ▶ 본문 p.26

02. to be	03. to imagine	04. to scold
05. to talk	06. to make	07. to skate
08. to pick up	09. to give	10. to have
11. to buy	12. to celebrate	13. to travel
14. to hear	15. to do	16. to do
17. to please	18. to say	19. to be
20. to worry		

Set 08 ▶ 본문 p.28

02. To ride a bicycle	03. like to see me
04. tried to eat	05. something to drink
06. glad to meet you	07. hope to sleep late
08. learn to make decisions	09. to become friends
10. how to skate	11. to eat
12. not to be late	13. want to be friends
14. a reason to fight	15. many things to finish
16. deserve to win the prize	17. like to imagine
18. to see why we were so noisy	
19. like to travel	20. came to rescue you

Unit 03 to부정사의 용법(2) 형용사적 용법

Check and Write ▶ 본문 p.31

2. food	3. time	4. courage	5. books

Unit 04 to부정사의 용법(3) 부사적 용법

Check and Write ▶ 본문 p.33

2. 원인	3. 목적	4. 원인	5. 목적

Practice 1 ▶ 본문 p.34

A	2. to go	3. to pick up	4. to see
B	1. to be	2. to have	3. to sleep
	4. to remember		
C	1. to come	2. To wake	3. to sleep
	4. to bother	5. to go	
D	1. to do	2. to focus	3. to write
	4. to finish	5. to help	6. to pass

Practice 2 ▶ 본문 p.36

2. The most important thing is to do your best
/ 명사적 용법
가장 중요한 것은 최선을 다하는 거야.

3. Peter Pan decided not to grow up / 명사적 용법
피터팬은 자라지 않기로 결심했다.

4. I am going to the forest to see my grandma
/ 부사적 용법
나는 할머니를 뵙기 위해서 숲에 가고 있어요.

5. I didn't have time to store food / 형용사적 용법
나는 음식을 저장할 시간이 없었어.

6. I'm here to meet the king / 부사적 용법
나는 왕을 만나기 위해 여기에 왔어.

7. I wish to travel alone / 명사적 용법
나는 혼자 여행하길 소망해.

8. My dad chose to clean the bathroom / 명사적 용법
나의 아빠는 화장실 청소하기를 선택하셨다.

9. I forgot to bring my liver / 명사적 용법
저는 제 간을 가져오는 것을 깜빡했어요.

10. We have no rice to give you / 형용사적 용법
우리는 너한테 줄 쌀이 없어!

11. Give me something to eat / 형용사적 용법

12. It's a chance to test the limits / 형용사적 용법
한계를 시험할 기회야!

13. They have a plan to save the children / 형용사적 용법
그들은 어린이들을 구할 계획을 가지고 있어.

14. It's time to start the class / 형용사적 용법
수업을 시작할 시간이야.

15. It is good to have dreams / 명사적 용법
꿈을 가지는 것은 좋아.

16. Promise me not to yell anymore / 명사적 용법
더 이상 소리 지르지 않겠다고 나에게 약속해.

17. He decided to buy a used car / 명사적 용법
그는 중고차를 사기로 결정했다.

18. you move to keep your balance / 부사적 용법

19. He agreed to join our club / 명사적 용법
그는 우리 클럽에 가입하는 데 동의했어.

20. We went to the flower shop to buy some flowers
/ 부사적 용법
우리는 꽃을 조금 사기 위해서 꽃가게에 갔어.

Practice 3 ▶ 본문 p.39

2. to help you	3. to make bread
4. to go shopping	5. to help me
6. to say to me	7. to keep a secret
8. to choose a team leader	9. to explain
10. to hear the news	11. to say hello to you
12. to play with me	13. To play for a while
14. to go to the library	15. to read novels
16. to tell you	17. To wash clothes
18. To play with friends	19. to do
20. to answer	

Let's Practice More!

Set 01 ▶ 본문 p.42

02. 놀	03. 먹을	04. 시험할	05. 구할
06. 시작할	07. 갈	08. 말할	09. 해명할
10. 풀어야 할	11. 말할	12. 줄	13. 말할
14. 기억할 만한			

Set 02 ▶ 본문 p.43

02. homework	03. questions	04. secret
05. time	06. night	07. something
08. things	09. nothing	10. time
11. rice	12. chance	13. plan
14. anything		

Set 03 ▶ 본문 p.44

02. 목	03. 목	04. 원	05. 원
06. 목	07. 목	08. 원	09. 목
10. 원	11. 목	12. 원	

Set 04 ▶ 본문 p.45

02. 부	03. 명	04. 명	05. 부
06. 명	07. 명	08. 형	09. 부
10. 부	11. 형	12. 형	

02. O   03. 형용사적 용법   04. 명사적 용법
05. 부사적 용법   06. 부사적 용법   07. 명사적 용법
08. 형용사적 용법   09. 명사적 용법   10. O
11. O   12. 명사적 용법   13. 부사적 용법
14. O

Set 06 ▶ 본문 p.47

02. to   03. to   04. not to   05. to
06. to   07. to   08. to   09. to
10. not to   11. to   12. to   13. to
14. to

Set 07 ▶ 본문 p.48

02. to read   03. to buy   04. to say
05. To play   06. to go   07. to help
08. to go   09. To wake   10. to have

11. to sleep   12. to eat   13. to focus
14. to write   15. to sleep   16. to pick up
17. to see   18. to bother   19. To wash
20. To play

Set 08 ▶ 본문 p.50

02. To play with friends   03. To tell you
04. to go to the airport   05. to pick up
06. things to do   07. trying to focus
08. to help me
09. to pass the math exam   10. to tell him
11. To play for a while   12. to travel alone
13. to clean the kitchen
14. to bring my smartphone   15. to help me
16. to have dreams   17. not to
18. to join our club   19. To forget a friend
20. something to eat

Chapter 02 동명사

Unit 01 동명사 만들기

Check and Write ▶ 본문 p.55

2. reading   3. lying   4. running

Unit 02 동명사의 역할

Check and Write ▶ 본문 p.57

2. Cooking is interesting / 주어
   요리하는 것은 재밌어.

3. My hobby is playing games / 보어
   내 취미는 게임을 하는 거야.

4. I enjoy watching movies / 목적어
   나는 영화 보는 것을 즐겨.

Practice 1 ▶ 본문 p.58

A   2. is   3. sitting   4. Drawing
   5. at
B   1. Studying   2. challenging   3. Trying
   4. doing
C   1. laughing   2. is   3. teasing
   4. about   5. Knowing
D   1. playing   2. pressing   3. seeing
   4. going   5. taking

Practice 2 ▶ 본문 p.60

2. I like travelling
   나는 여행하는 것을 좋아해!

3. Flying to New York from Seoul is expensive
   서울에서 뉴욕으로 비행기를 타고 가는 것은 비싸.

4. I am good at jumping high
   나는 높이 뛰는 것을 잘해.

5. I hate giving her a ride on my back
   나는 내 등에 그녀를 태우는 게 너무 싫어.

6. Dropping her from my back is a mistake
   내 등에서 그녀를 떨어뜨린 것은 실수야.

7. My hobby is swimming
   내 취미는 수영하는 거야.

8. I am poor at speaking English
   나는 영어로 말하는 것을 잘 못해.

9. She loves playing with her puppy
   그녀는 그녀의 강아지와 노는 것을 아주 좋아해.

10. Stop fighting with your brother
    네 형과 싸우는 것을 멈춰! (네 형과 그만 싸워!)

11. She is not good at riding a horse
    그녀는 승마에 능숙하지 않아.

12. Would you mind taking our photograph
    저희 사진 좀 찍어주실래요?

13. He is not good at making friends
    그는 친구 만드는 걸 잘 못해.

14. I enjoyed talking to you
    저는 당신과 이야기하는 것을 즐겼습니다. (대화 즐거웠습니다.)

15. Thank you for understanding me
    나를 이해해줘서 (당신께) 고마워요.

16. I like drawing cartoons
    나는 만화 그리는 것을 좋아해.

17. They like eating out

18. Happiness is enjoying your life
    행복이란 너의 삶을 즐기는 거야.

19. My dream is becoming a scientist
    나의 꿈은 과학자가 되는 거야.

20. They keep walking
    그들은 계속해서 걸어.

Practice 3 ▶ 본문 p.63

2. Taking a nap   3. hiding under the chair
4. Playing with him   5. washing the dishes
6. cleaning my room   7. Studying English
8. crying   9. fishing
10. moving   11. shopping

12. cooking, studying   13. reading the book
14. having dinner together   15. getting a low grade
16. playing baseball   17. sunbathing
18. eating vegetables   19. solving the problem
20. cheering me up

Let's Practice More!

Set 01
▶ 본문 p.66

02. sitting	03. drawing	04. taking
05. studying	06. enjoying	07. trying
08. laughing	09. making	10. seeing
11. teasing	12. playing	

Set 02
▶ 본문 p.67

02. playing	03. O	04. jogging
05. O	06. taking	07. O
08. making	09. flying	10. O
11. riding	12. dropping	13. swimming
14. O		

Set 03
▶ 본문 p.68

02. 목	03. 주	04. 주	05. 보
06. 주	07. 목	08. 보	09. 보
10. 주	11. 목	12. 목	13. 보
14. 목			

Set 04
▶ 본문 p.69

02. was	03. Studying	04. was
05. keeps	06. takes	07. is
08. Knowing	09. makes	10. is
11. wasn't	12. Changing	

Set 05
▶ 본문 p.70

02. 앉는 것	03. 제비뽑기를	04. 도전하는 것을
05. 보는 것을	06. 쉬는 것	07. 여행하는 것을
08. 태우는 것을	09. 우는 것을	10. 떨어뜨린 것은
11. 비행하는 것은	12. 노는 것을	13. 아는 것은
14. 웃는 것은		

Set 06
▶ 본문 p.71

02. playing	03. making	04. jumping
05. having	06. teasing	07. drawing
08. playing	09. pressing	10. laughing
11. riding	12. getting	13. cheering
14. teasing		

Set 07
▶ 본문 p.72

02. fighting	03. going	04. walking
05. washing	06. fishing	07. moving
08. shopping	09. studying	10. sitting
11. Making	12. eating	13. Studying
14. laughing	15. reading	16. teasing
17. travel(l)ing	18. changing	19. solving
20. cleaning		

Set 08
▶ 본문 p.74

02. likes playing	03. enjoy sunbathing
04. Changing seats	05. washing the dishes
06. enjoy challenging	07. Trying hard
08. prefers trying	09. is swimming
10. of playing	11. pressing this button
12. like seeing	13. at jumping
14. about teasing	15. at speaking
16. loves playing	17. fighting with
18. making friends	19. enjoyed talking
20. keep walking	

Chapter 03 to부정사 · 동명사를 목적어로 하는 동사

Unit 01 to부정사가 오는 동사의 활용(1)

Check and Write
▶ 본문 p.79

2. failed   3. learns   4. chose

Unit 02 to부정사가 오는 동사의 활용(2)

Check and Write
▶ 본문 p.81

2. to open   3. blowing   4. to say

Practice 1
▶ 본문 p.82

A 2. agreed   3. needed   4. not to buy
   5. expect   6. to show   7. would like
   8. to give
B 1. to finish   2. to watch   3. like
   4. to leave   5. started   6. wanted
   7. to hear
C 1. to be   2. to go   3. to stop

4. to practice

Practice 2
▶ 본문 p.84

2. The moon was starting to rise
달이 떠오르기 시작하고 있었다.

3. I promise to be home before sunset
나는 해가 지기 전에 집으로 돌아온다고 약속해요.

4. When does the sun start going down
해는 언제 지기 시작해요?

5. My phone began to ring
내 전화가 울리기 시작했어.

6. I didn't want to go home

7. Mom decided to lock the door
엄마는 문을 잠그기로 결정하셨어.

8. I failed to enter the house
나는 집에 들어가는 데 실패했어.

9. Mom decided to scold me
엄마는 나를 혼내기로 결심하셨어.

10. She chose to leave early

그녀는 일찍 떠나는 것을 선택했어.

11. I plan to talk to her
12. we need to lie
13. You must learn to choose
14. He hates eating carrots
그는 당근을 먹는 것을 싫어해.
15. He started to run
그는 달리기 시작했어.
16. They decided to sing a song
그들은 노래를 부르기로 결정했어.
17. They begin to dance
그들은 춤추기 시작해.
18. We expect to stay in New York
우리는 뉴욕에 머무르기를 기대해.
19. Try to become a man of value
가치 있는 사람이 되려고 노력하라.
20. He likes learning French
그는 프랑스어 공부하는 것을 좋아해.

Practice 3　▶ 본문 p.87

2. to go fishing　3. to forgive　4. to forgive
5. to complain　6. to be alone　7. to be
8. to tell　9. to walk　10. to think
11. to save　12. to avoid　13. to eat out
14. to study　15. to be　16. to wake up
17. to eat　18. to wash　19. to bring
20. to brush

Let's Practice More!

Set 01　▶ 본문 p.90

02. O	03. X	04. O	05. O
06. X	07. O	08. O	09. X
10. O	11. O	12. O	

Set 02　▶ 본문 p.91

02. O	03. X	04. O	05. X
06. X	07. O	08. X	09. O
10. O	11. X	12. O	13. O
14. O			

Set 03　▶ 본문 p.92

02. meeting　03. to make　04. to think
05. to bring　06. having　07. to brush
08. to save　09. staying　10. waking up
11. to lock　12. learning　13. to buy
14. to go

Set 04　▶ 본문 p.93

02. 모으려고 노력했다　03. 보는 것을 잊었다
04. 갈 것을 기억해　05. 용서하려 노력했다
06. 말했던 것을 깜빡했다　07. 만났던 것을 기억한다
08. 말리려고 노력하셨다　09. 하는 것을 잊었다
10. 갈 것을 기억해　11. 한번 만들어 봤다
12. 할 것을 깜빡했다

Set 05　▶ 본문 p.94

02. X	03. X	04. to hear	05. X
06. rising	07. X	08. X	09. to tell
10. avoiding	11. X	12. to eat	13. X

14. to learn

Set 06　▶ 본문 p.95

02. O	03. X	04. O	05. O
06. X	07. O	08. O	09. X
10. O	11. O	12. O	

Set 07　▶ 본문 p.96

02. O	03. O	04. to be
05. O	06. to lock	07. to enter
08. O	09. O	10. to make
11. O	12. to wash	13. O
14. O	15. to save	16. O
17. to finish	18. to eat	19. O
20. to wake up		

Set 08　▶ 본문 p.98

02. to brush	03. to go	04. to do
05. to become	06. going	07. to think
08. to bring	09. to save	10. to finish
11. meeting	12. eating	13. to practice
14. to play	15. to lock	16. entering
17. to talk	18. staying	19. to wash
20. to forgive		

Unit 03 동명사가 오는 동사의 활용(1)

Check and Write　▶ 본문 p.101

2. studying　3. playing　4. having

Unit 04 동명사가 오는 동사의 활용(2)

Check and Write　▶ 본문 p.103

2. skiing　3. forward　4. about

Practice 1　▶ 본문 p.104

A 2. bothering　3. walking
　4. taking[to take]　5. crying　6. sleeping
　7. fishing　8. watching[to watch]
B 1. running　2. running　3. hates
　4. gave up　5. Winning[To win]
C 1. shopping　2. buying　3. to go
　4. joining　5. saying
　6. saying, practicing

Practice 2　▶ 본문 p.106

2. Don't stop asking questions
질문하는 것을 멈추지 마.
3. The cat keeps sleeping
4. I go washing my hands
나 손 씻으러 가.
5. She is not used to having breakfast
그녀는 아침을 먹는 것에 익숙하지 않아.
6. The moon started rising
달이 뜨기 시작했다.
7. Eating too much fast food is not good for you
패스트푸드를 너무 많이 먹는 것은 너에게 좋지 않아.
8. Mina went shopping

9. I remember watching that movie
10. Why do you keep smiling
너 왜 계속 미소 짓니?
11. I can't stop smiling
12. How about going to see a doctor
병원 가보는 게 어때?
13. I look forward to going to school
14. She practices introducing herself
그녀는 자기소개 하는 것을 연습해.
15. Thinking about you makes me happy
너에 대해 생각하는 것은 날 행복하게 해!
16. Would you mind opening the window
창문 여는 것을 꺼리세요?(창문 열어도 될까요?)
17. The dog tried going under the fence
그 개는 울타리 아래로 가려고 시도했어.
18. you keep believing
19. Stop trying so hard to be on top
최고가 되려고 너무 애쓰는 건 그만둬.
20. You have to keep moving forward
너는 계속 앞으로 나아가야만 한다.

Practice 3　　　　　　　　　▶ 본문 p.109

2. driving the car
3. touching anything dirty　4. trying
5. meeting you again　　　6. being late
7. playing at home
8. spending time with your family
9. Spending time with my friends
10. trying to think about other things
11. running until he reached the finish line
12. going to the beach　13. thinking about it
14. going to bed early　15. playing
16. doing yoga　　　　17. skiing with me
18. breathing deeply　19. going to see a movie
20. showing me the way

Let's Practice More!

Set 01　　　　　　　　　　▶ 본문 p.112

02. O　　03. O　　04. O　　05. X
06. O　　07. O　　08. O　　09. X
10. O　　11. O　　12. O

Set 02　　　　　　　　　　▶ 본문 p.113

02. X　　03. O　　04. O　　05. X
06. O　　07. X　　08. X　　09. X
10. O　　11. X　　12. O　　13. O
14. O

Set 03　　　　　　　　　　▶ 본문 p.114

02. trying　　03. doing　　04. buying
05. asking　　06. having　　07. to rise
08. watching　09. trying　　10. smiling
11. to do　　12. to meet　　13. going
14. to go

Set 04　　　　　　　　　　▶ 본문 p.115

02. 질문하는 것을 멈추다　03. 애쓰는 것을 그만둬
04. 할 것을 깜빡했다　　05. 산 것을 기억했다
06. 하는 데 익숙하다　　07. 먹는 것에 익숙하지 않다

08. 봤던 것을 기억하다　09. 미소 짓는 것을 멈추다
10. 전화한 것을 잊었다　11. 가기 위해 멈췄다
12. 말하는 것을 멈췄다

Set 05　　　　　　　　　　▶ 본문 p.116

02. X　　　03. to rise　　04. X
05. to swim　06. X　　　07. X
08. X　　　09. crying　　10. X
11. to touch　12. to take　13. to watch
14. to be

Set 06　　　　　　　　　　▶ 본문 p.117

02. O　　03. O　　04. X　　05. X
06. O　　07. X　　08. O　　09. X
10. X

Set 07　　　　　　　　　　▶ 본문 p.118

02. sunbathing　03. to go　　04. saying
05. practicing　06. going　　07. rising
08. to think　　09. opening　10. being
11. playing　　12. breathing　13. running
14. walking　　15. to watch　16. sleeping
17. trying　　18. crying　　19. to take
20. sleeping

Set 08　　　　　　　　　　▶ 본문 p.120

02. enjoy, playing
03. looking, forward, to, running
04. is, good, at, running　05. went, skiing
06. joining　　　07. am, afraid, of, saying
08. went, shopping　09. keep, smiling
10. going　　　　11. keeps, crying
12. keep, believing　13. minds, driving
14. hate, touching　15. forgot, calling
16. playing　　　17. stops, bothering
18. spent, cooking　19. goes, fishing
20. remembered, buying

Chapter 01~03 실전테스트　　▶ 본문 p.122

01. playing　　　　02. to do
03. to watch[watching]
04. to collect[collecting]　05. opening
06. listening, reading　07. read
08. ④　　　　　　09. ①
10. to grow[growing]　11. to eat
12. to go　　　　13. to win
14. Playing[To play]
15. is to make a beautiful world
16. to pass the exam
17. to borrow some books
18. to study Japanese
19. 형용사적　20. 부사적　21. 명사적
22. 형용사적　23. 명사적　24. playing　25. ①
26. ②　　　27. ③　　　28. ③　　　29. ③
30. ④

Chapter 04 분사

Unit 01 현재분사와 과거분사의 특징

Check and Write
▶ 본문 p.129

2. excited   3. sleeping   4. painted   5. crying

Unit 02 불규칙한 과거분사와 감정표현에 쓰이는 분사

Check and Write
▶ 본문 p.131

2. surprising   3. excited   4. shocking

Practice 1
▶ 본문 p.132

A 2. fallen   3. singing   4. flying
5. blowing
B 1. broken   2. hurt   3. surprised
4. worried
C 1. dancing   2. interested   3. exciting
4. handwritten   5. excited
D 1. excited   2. interested   3. called
4. interesting

Practice 2
▶ 본문 p.134

2. baked   3. boring   4. surprising
5. lost   6. stolen   7. surprised
8. planned   9. listening   10. closed
11. filled   12. exciting   13. scared
14. worried   15. flying   16. boring
17. rising   18. interested   19. covered
20. used

Practice 3
▶ 본문 p.137

2. I have nothing left
   나는 남겨진 것이 아무것도 없어.

3. Siyun is amazing
   시윤이는 놀라워!

4. We call him a walking dictionary
   우리는 그를 걸어 다니는 사전이라고 불러.

5. She found her lost watch
   그녀는 그녀의 잃어버린 시계를 찾았어.

6. I envy those kids speaking English so well
   나는 영어로 말을 아주 잘하는 저 애들이 부러워.

7. Speaking English is interesting
   영어로 말하는 건 흥미로워.

8. We bought a cake covered in chocolate
   우리는 초콜릿으로 덮인 케이크를 샀어.

9. There is a mountain covered with snow
   눈 덮인 산이 있어.

10. Don't touch the broken glass
    깨진 유리잔을 만지지 마!

11. The children playing jump rope are excited
    줄넘기를 하는 아이들은 신났어.

12. they become tired

13. they want to play another exciting game

14. My dad finally found his lost wallet
    나의 아빠는 마침내 그의 잃어버린 지갑을 발견하셨어.

15. I put a fallen leaf in the book
    나는 떨어진 나뭇잎을 책에 넣었어.

16. This is a book written in Chinese
    이것은 중국어로 쓰인 책이야.

17. The children made interesting snowmen
    어린이들은 흥미로운 눈사람들을 만들었어.

18. There were some people walking in the rain
    빗속을 걷는 몇몇 사람들이 있었어.

19. We bought fresh baked bread
    우리는 갓 구워진 빵을 샀어.

20. A rolling stone gathers no moss
    구르는 돌은 이끼를 모으지 않는다. (구르는 돌에는 이끼가 끼지 않는다.)

Let's Practice More!

Set 01
▶ 본문 p.140

02. becoming	03. finding	04. putting
05. making	06. walking	07. buying
08. gathering	09. speaking	10. touching
11. scaring	12. watching	

Set 02
▶ 본문 p.141

02. bored	03. surprised	04. lost
05. stolen	06. planned	07. kept
08. filled	09. excited	10. covered
11. interested	12. used	13. left
14. worried		

Set 03
▶ 본문 p.142

02. looked	03. covered	04. worrying
05. scared	06. surprising	07. losing
08. stealing	09. finding	10. closed
11. planning	12. visited	13. excited
14. boring		

Set 04
▶ 본문 p.143

02. rolling	03. broken	04. hurt
05. writing	06. interested	07. putting
08. given	09. tried	10. making
11. listened	12. speaking	

Set 05
▶ 본문 p.144

02. experience	03. nothing	04. butterflies
05. watch	06. sun	07. a mountain
08. glass	09. dictionary	10. leaf
11. kids	12. a book	13. bread
14. game		

Set 06
▶ 본문 p.145

02. singing	03. lost	04. dancing
05. boring	06. baked	07. handwritten
08. closed	09. walking	10. stolen
11. rolling	12. used	13. surprising
14. broken		

Set 07
▶ 본문 p.146

02. closed	03. O	04. O

05. lost	06. O	07. stolen
08. O	09. baked	10. scared
11. playing	12. O	13. walking
14. O	15. O	16. interested
17. O	18. used	19. O
20. lost		

Set 08 ▶ 본문 p.148

02. boring	03. hurt	04. surprised
05. dancing	06. walking	07. worried
08. flying	09. interested	10. handwritten
11. crossed	12. listening	13. excited
14. flying	15. interested	16. exciting
17. singing	18. surprised	19. planned
20. blowing		

Chapter 05 현재완료

Unit 01 현재완료

Check and Write ▶ 본문 p.153

2. She has eaten my cake
   그녀는 내 케이크를 먹어버렸어!

3. I have left my phone on the bus
   나는 내 전화기를 버스에 두고 내렸어.

4. I have finished my homework
   나는 내 숙제를 끝냈어.

Unit 02 현재완료 시제와 과거 시제의 비교

Check and Write ▶ 본문 p.155

2. played 3. took
4. have been awake

Practice 1 ▶ 본문 p.156

A 2. have, decorated, for 3. has, not, finished
   4. finished 5. has, spent
   6. has, been, for
B 1. have, lived 2. lived
   3. have, used[spoken] 4. used
   5. use 6. spoke[used]
C 1. seen 2. haven't
   3. died
D 1. have, ever, seen, have 2. did, see
   3. saw, were, born 4. have, never, seen
   5. were

Practice 2 ▶ 본문 p.158

2. I had a stomachache
3. I ate lunch an hour ago
   나는 한 시간 전에 점심을 먹었어.
4. I haven't eaten anything since this morning
   나는 오늘 아침 이후로 아무것도 먹지 않았어.
5. I bought a new smartphone
6. I have lost it
7. have you ever lied to me
8. I have never lied to you
   나는 너에게 거짓말을 한 적 없어.

9. Nayeon has watched TV for four hours
   나연이는 네 시간 동안 TV를 봤어.
10. Her mother got angry
    그녀의 엄마는 화나셨어.
11. Nayeon has not watched TV since that day
    나연이는 그 날 이후로 TV를 보지 못하고 있어.
12. She has listened to music for an hour
    그녀는 한 시간 동안 음악을 들었어. (그리고 지금도 듣고 있어.)
13. Mr. Kang has taught math for a long time
    강 선생님은 오랫동안 수학을 가르쳐 오셨어. (그리고 지금도 가르치고 계셔.)
14. He has been my homeroom teacher
15. Mr. Kang and my father have been friends for 20 years
    강 선생님과 우리 아빠는 20년 동안 친구이셨어. (그리고 지금도 친구이셔.)
16. I have known him for a long time
    나는 오랫동안 그를 알아왔어.
17. My father has driven a car for ten years
    나의 아버지는 10년 동안 차를 운전해오셨어.
18. I brushed my teeth
19. Have you ever seen that movie
    너는 그 영화를 본 적 있니?
20. I watched that movie a week ago
    나는 그 영화를 일주일 전에 봤어.

Practice 3 ▶ 본문 p.161

2. have lived
   We have lived here since 2015
   우리는 2015년부터 계속 이 곳에 살고 있어.
3. washed
   I washed the dishes yesterday
   나는 어제 설거지를 했어!
4. moved
   We moved to Seoul five years ago
   우리는 5년 전에 서울로 이사했어.
5. turned
   Junwoo turned on the TV at 11:00 p.m. last night
   준우는 어젯밤 열한 시에 TV를 켰어.
6. Has
   Has he watched TV since then
   그는 그 이후로 계속 TV를 봤니?

7. Did you go

   Did you go fishing last Saturday

   너 지난 토요일에 낚시 갔니?

8. has not slept

   Mina has not slept since last night

   미나는 어젯밤 이후로 잠을 안 잤어.

9. won

   Sora won her first gold medal last year

   소라는 작년에 그녀의 첫 금메달을 땄어.

10. transferred

    Sora transferred to another school last month

    소라는 지난달에 다른 학교로 전학을 갔어.

11. snowed

    It snowed heavily two hours ago

    두 시간 전에 눈이 많이 내렸어.

12. had

    We had his birthday party last weekend

    우리는 지난 주말에 그의 생일 파티를 가졌어.

13. Have you seen

    Have you seen her since last month

    너는 지난달 이후로 그녀를 본 적이 있니?

14. left

    He left Korea last year

    그는 작년에 한국을 떠났어.

15. has rained

    It has rained since last night

    어젯밤부터 비가 계속 내렸어.

16. was

    I was with Sihu last Friday

    나는 지난 금요일에 시후와 함께 있었어.

17. haven't seen

    I haven't seen her since last month

    나는 지난달 이후로 그녀를 보지 못했어.

18. changed

    She changed her phone number a week ago

    그녀는 일주일 전에 핸드폰 번호를 바꿨어.

19. went

    My father went to work by car yesterday

    우리 아버지는 어제 차를 타고 일하러 가셨어.

20. has lived

    He has lived in Seoul since 2000

    그는 2000년부터 계속 서울에 살았어.

Let's Practice More!

Set 01 ▶ 본문 p.164

02. have had
03. has left
04. have been
05. has changed
06. has been
07. have spoken
08. have had
09. has been
10. has listened
11. has watched
12. have eaten

Set 02 ▶ 본문 p.165

02. have not known[haven't known]
03. has not worked[hasn't worked]
04. have not lived[haven't lived]
05. have not visited[haven't visited]
06. has not rained[hasn't rained]
07. have not seen[haven't seen]
08. have not decorated[haven't decorated]
09. has not finished[hasn't finished]
10. have not lost[haven't lost]
11. have not lied[haven't lied]
12. has not watched[hasn't watched]

Set 03 ▶ 본문 p.166

02. Have you ever lied
03. Has he watched
04. O
05. O
06. has spent
07. O
08. have lived
09. Have you ever seen
10. O
11. have lost
12. has not watched
13. O
14. O

Set 04 ▶ 본문 p.167

02. have built
03. have known
04. has driven
05. have lived
06. has rained
07. have been
08. have taken
09. has lived
10. has stayed
11. have learned
12. have played

Set 05 ▶ 본문 p.168

02. was
03. brushed
04. watched
05. washed
06. moved
07. turned
08. won
09. met
10. snowed
11. left
12. went
13. read
14. spoke

Set 06 ▶ 본문 p.169

02. O
03. O
04. Did you eat
05. O
06. O
07. was
08. O
09. watched
10. turned
11. O
12. won
13. had
14. O

Set 07 ▶ 본문 p.170

02. has spent
03. has made
04. has not finished
05. went
06. has been
07. have lived
08. left
09. read
10. have you ever seen
11. was
12. has been
13. has rained
14. have known
15. haven't eaten
16. watched
17. Have you ever been
18. ended
19. moved
20. Did you go

Set 08 ▶ 본문 p.172

02. had
03. has played
04. transferred
05. Have you seen
06. has taught
07. has been
08. has played
09. hasn't slept

10. have lived
11. has watched
12. won
13. have been
14. have known
15. has driven
16. brushed
17. lived
18. bought
19. lost
20. Have you ever seen

Chapter 04~05 실전테스트 ▶ 본문 p.174

01. ④　　02. ③　　03. ①　　04. ③
05. ③　　06. ①　　07. ④　　08. ③
09. ①　　10. How, long, since
11. already　12. ④　　13. ③　　14. was
15. studied　16. for　　17. just　　18. since
19. ④　　20. ①-ⓒ, ②-Ⓐ, ③-Ⓑ　　21. ④
22. 현재분사: singing, doing 과거분사: done, been, sung
23. ③　　24. ③　　25. ①
26. washed　27. ③　　28. ②
29. Have, you, seen　　30. How, long

Cultural
Tips
재미로 익히는
문화상식

한국과 미국의 동물울음소리는 어떻게 다를까요?

Cultural
Tips
재미로 익히는
문화상식

한 여름의 크리스마스

Daniel in Australia   Sihu in Korea

우리나라는 북반구, 오스트레일리아(호주)는 남반구에 위치하고 있어서 계절이 정반대예요.
그래서 오스트레일리아의 여름은 12월에서 3월 사이이고, 크리스마스에도 덥답니다!

2024 The 4th Mothertongue Scholarship for TOP Elementary School Students

2024 마더텅 제4기
초등학교 성적 우수 장학생 모집

2024년 저희 교재로 열심히
공부해 주신 분들께 장학금을 드립니다!

🏆 지원 자격 및 장학금

대상	금상	은상
30만원	10만원	3만원

초 1 ~ 초 6

지 원 과 목 국어 / 영어 / 한자 중 최소 1과목 이상 지원 가능
※여러 과목 지원 시 가산점이 부여됩니다.

제 출 서 류
아래 2가지 항목 중 최소 1개 이상 서류 제출
① 2023년 2학기 혹은 2024년 1학기 초등학교 생활통지표 등 학교에서 배부한 학업성취도를 확인할 수 있는 서류
② 2023년 7월~2024년 6월 시행 초등학생 대상 국어/영어/한자 해당 인증시험 성적표
책과함께 KBS한국어능력시험, J-ToKL, 전국영어학력경시대회, G-TELP Jr., TOEFL Jr., TOEIC Bridge, TOSEL,
한자능력검정시험(한국어문회, 대한검정회, 한자교육진흥회 주관)

📢 위 조건에 해당한다면
마더텅 초등교재로 공부하면서 <u>느낀 점과 공부 방법, 학업 성취, 성적 변화 등에 관한 자신만의 수기</u>를 작성해서 마더텅으로 보내 주세요. 우수한 글을 보내 주신 분들께 수기 공모 장학금을 드립니다!

응모대상　마더텅 초등 교재들로 공부한 초1~초6

뿌리깊은 초등국어 독해력, 뿌리깊은 초등국어 독해력 어휘편, 뿌리깊은 초등국어 독해력 한국사, 뿌리깊은 초등국어 한자,
초등영문법 3800제, 초등영문법 777, 초등영어 받아쓰기·듣기 10회 모의고사, 초등교과서 영단어 2400, 비주얼파닉스 Visual Phonics,
중학영문법 3800제 스타터 중 최소 1권 이상으로 신청 가능

응모방법

① 마더텅 홈페이지(www.toptutor.co.kr)의 [고객센터-이벤트] 게시판에 접속
② [2024 마더텅 초등학교 장학생 선발] 클릭 후 지원하는 분야의 [2024 마더텅 초등학교 장학생 지원서 양식]을 다운
③ [2024 마더텅 초등학교 장학생 지원서 양식] 작성 후 메일(mothert.marketing@gmail.com)로 발송

선 발 일 정

접 수 기 한 2024년 7월 31일　수 상 자 발 표 일 2024년 8월 12일　장 학 금 수 여 일 2024년 9월 11일

초등영문법 3800제 서평

초등3학년 아이.. 원서는 어느 정도 잘 읽는데, 글씨 쓰는 걸 많이 어려워해요. 그래서 문법을 알면 도움이 되지 않을까 싶어서 찾다가 3800제를 만났네요. 초등 저학년 아이가 혼자서 하는데 있어서 어려움이 없어요. 쉬운 단어로 설명을 해주니 쉽게 이해하고 공책에 배운 걸 써보기도 하면서 혼자서 열심히 공부하고 있어요. 2번, 3번 쭈욱~~ 3800제로 나갈까 합니다.
*YES24 / 은**주*

형이 중학교 진학 전부터 중학생용 3800제를 풀고 있었고 3800제 구성이 만족스러워서 초등 동생도 풀기 시작했어요. 개념도 구체적이고 다양한 내용이 있어서 좋았어요. 지루하지 않게 그림이 자주 삽입되어 있으니까 덜 삭막해요^^ 무엇보다 다각도로 연습문제가 진짜진짜 많아요. 어설프게 알고 진도 나가면 나중에 다시 봤을 때 까먹게 되고 제대로 이해 못하게 되거든요. 다양한 방식의 문제를 풀면서 영어실력이 확장되는 게 느껴져요. 게임, 마크만 성실, 꼼꼼하게 하지 공부는 대충 해치우고 마는 아이인데 이 교재를 통해서 언젠가는 영어 실력이 차곡차곡 쌓이길 기대해봅니다. 뒷편에는 단어 공부, 받아쓰기 연습을 할 수 있는 것도 있어요. 아이 핸드폰에 mp3파일을 넣어주면 스스로 할 수 있겠더라구요. 아직은 진도를 빨리 빼느라 숙제주진 않았는데 방학 시작하면 이 한권으로 영어공부는 충분할 것 같습니다. 핸드폰이 게임, 유튜브 보는 것만이 아닌 공부할 적에도 사용하는 것이라는 것을 알게 되길~^^;
*YES24 / 희**

잠수네로 별칭되는 엄마표 영어를 한 지 몇 년 되었는데 엄마가 너무 띄엄띄엄 지도하다 보니 아이 단어와 문법이 많이 약한 것 같아 문법 교재로 구매했습니다. Unit 시작할 때 단어가 스물 몇 개 있고 의미를 인지하고 있는지 셀프 테스팅 하도록 구성되어 있고 개념 문제 뒤 연습문제가 쭉 있어서 아이가 스스로 정리하며 공부할 수 있어요. 난이도는 쉬운 편이라 차라리 부담 없이 스르륵 풀 수 있어서 좋아요.
*YES24 / d**rh0424*

문법은 실제로 문장 속에서 활용해봐야 이해가 쉽기 때문에 예제 중심의 반복학습이 가능한 책을 찾다가 선택한 교재입니다. 여러 형식으로 문제 풀이가 다양하게 제시되어 있어 문제를 풀다보면 그 원리가 절로 체득되어 정말 좋습니다. 아직 문법이라는 추상적인 개념을 이해하기 어려워하는 초등학생들에게 좋은 교재예요. 기존에 기초 문법의 틀이 조금 잡혀 있는 학생들은 자습용으로도 좋고 처음 문법을 접하는 학생들에게는 단계적으로 심화되는 문제 구성을 차근차근 밟아가며 공부하기에 좋습니다.
*YES24 / a**owa*

아이 문법 학습을 위해서 구입을 하게 되었습니다. 큰아이 중학영문법 3800제를 가지고 학습을 한 경험이 있어 믿고 구입하게 되었는데 역시나 초등문법도 많은 연습문제로 아이들이 같은 내용을 꾸준히 반복 연습하게 구성이 되어있어서 마음에 듭니다. 초등학생용이라 글씨도 큼직큼직하고 페이지마다 빈공간도 많이 있어 답답하지도 않아서 좋아요. 초등학생 아이들은 일단 글씨가 작고 빽빽하면 보면서 질려하는 경향이 있는데 이 교재는 그런 점에서는 후한 점수를 주고 싶네요. 단순 객관식 문제 풀이로 학습시키고 싶은 분들에게는 추천하지 않구요. 객관식 문제풀이가 단원 끝에 단원테스트에 조금 밖에 없어서요. 객관식 문제풀이가 아닌 아이가 문장을 만들면서 학습하기를 원하시는 분들에게는 강추합니다. 타 학습서들이 보통 초등문법을 2권 내지 3권에 끝내는 것을 이 초등영문법 3800제는 1권부터 8권까지에 연습할 부분을 나누어 놓았으니 얼마나 많은 반복을 시킬 수 있는지 권수만 봐도 알 수 있지요. 어쨌든, 초등학교 4학년 아이 8권까지 열심히 공부할 예정입니다.
*YES24 / j**onim*

book.toptutor.co.kr

마더텅 학습 교재 이벤트에 참여해 주세요. 참여해 주신 모든 분께 선물을 드립니다.

이벤트 1 🎁 1분 간단 교재 사용 후기 이벤트

마더텅은 고객님의 소중한 의견을 반영하여 보다 좋은 책을 만들고자 합니다.
교재 구매 후, <교재 사용 후기 이벤트>에 **참여해 주신 모든 분**께는 감사의 마음을 담아 `모바일 문화상품권 1천 원권` 을 보내 드립니다. 지금 바로 QR 코드를 스캔해 소중한 의견을 보내 주세요!

이벤트 2 🎁 학습계획표 이벤트

STEP 1 책을 다 풀고 SNS 또는 수험생 커뮤니티에 작성한 학습계획표 사진을 업로드

필수 태그 #마더텅 #초등영어 #초등영문법3800 #학습계획표 #공스타그램
SNS/수험생 커뮤니티 페이스북, 인스타그램, 블로그, 네이버/다음 카페 등

▶ **STEP 2**

왼쪽 QR 코드를 스캔하여 작성한 게시물의 URL 인증

참여해 주신 모든 분께는 감사의 마음을 담아 `cu 모바일 편의점 상품권 1천 원권` 및 `B 북포인트 2천 점` 을 드립니다.

이벤트 3 🎁 블로그/SNS 이벤트

STEP 1 자신의 블로그/SNS 중 하나에 마더텅 교재에 대한 사용 후기를 작성

필수 태그 #마더텅 #초등영어 #초등영문법3800 #교재리뷰 #공스타그램
필수 내용 마더텅 교재 장점, 교재 사진

▶ **STEP 2**

왼쪽 QR 코드를 스캔하여 작성한 게시물의 URL 인증

참여해 주신 모든 분께는 감사의 마음을 담아 `cu 모바일 편의점 상품권 2천 원권` 및 `B 북포인트 3천 점` 을 드립니다.
매달 우수 후기자를 선정하여 `모바일 문화상품권 2만 원권` 과 `B 북포인트 1만 점` 을 드립니다.

B **북포인트란?** 마더텅 인터넷 서점 http://book.toptutor.co.kr에서 교재 구매 시 현금처럼 사용할 수 있는 포인트입니다.

※자세한 사항은 해당 QR 코드를 스캔하거나 홈페이지 이벤트 공지글을 참고해 주세요.
※당사 사정에 따라 이벤트의 내용이나 상품이 변경될 수 있으며 변경 시 홈페이지에 공지합니다. ※만 14세 미만은 부모님께서 신청해 주셔야 합니다.
※상품은 이벤트 참여일로부터 2~3일(영업일 기준) 내에 발송됩니다. ※동일 교재로 세 가지 이벤트 모두 참여 가능합니다. (단, 같은 이벤트 중복 참여는 불가합니다.)
※이벤트 기간: 2024년 12월 31일까지 (*해당 이벤트는 당사 사정에 따라 조기 종료될 수 있습니다.)

Choose and write.

알맞은 것에 동그라미 하고 쓰세요.

정답은 뒷면에서 확인하세요.

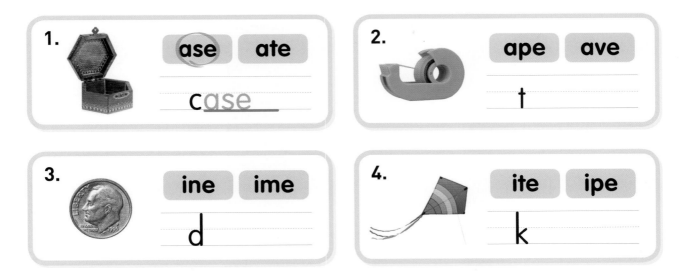

1. **ase** ate

c a s e

2. ape **ave**

t

3. ine ime

d

4. ite ipe

k

Build up.

네모 안에 알맞은 알파벳을 쓰고 모아 보세요. 어떤 단어가 될까요?

1. c one + b a k e → c a k e

2. ☐ ive + n ☐ ☐ ☐ → ☐ ☐ ☐ ☐

3. ☐ ork + d ☐ ☐ ☐ → ☐ ☐ ☐ ☐

Choose and write.

알맞은 것에 동그라미 하고 쓰세요.

1.
ase   ate
c_ase_

2.
ape   ave
t_ape_

3.
ine   ime
d_ime_

4.
ite   ipe
k_ite_

Build up.

네모 안에 알맞은 알파벳을 쓰고 모아 보세요. 어떤 단어가 될까요?

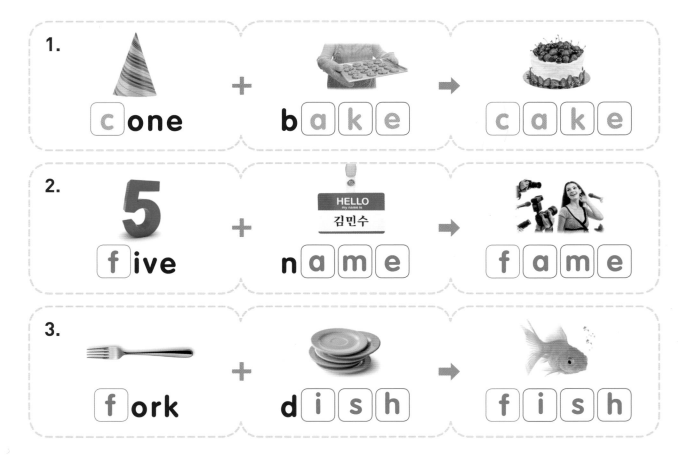

1. c one + b a k e → c a k e
2. f ive + n a m e → f a m e
3. f ork + d i s h → f i s h